心一堂術數古籍珍本叢刊

書名：批注地理合璧附玄空真訣（三）

系列：心一堂術數古籍珍本叢刊 堪輿類 第三輯

作者：【清】于楷、章仲山、溫明遠原輯撰 【民國】朱紫君輯校 【民國】霜湘
批注

主編、責任編輯：陳劍聰

心一堂術數古籍珍本叢刊編校小組：陳劍聰 素聞 鄒偉才 虛白盧主 丁鑫華

出版：心一堂有限公司

通訊地址：香港九龍旺角彌敦道六一〇號荷李活商業中心十八樓〇五一〇六室

深港讀者服務中心：中國深圳市羅湖區立新路六號羅湖商業大廈負一層〇〇八室

電話號碼：(852)9027-7110

網址：publish.sunyata.cc

電郵：sunyatabook@gmail.com

網店：http://book.sunyata.cc

淘寶店地址：https://sunyata.taobao.com

微店地址：https://weidian.com/s/1212826297

臉書：https://www.facebook.com/sunyatabook

讀者論壇：http://bbs.sunyata.cc/

版次：二零二一年三月初版
平裝：四冊不分售

定價：港幣 九百八十元正
　　　新台幣 三仟九百八十元正

國際書號：ISBN 978-988-8583-63-8

香港發行：香港聯合書刊物流有限公司
地址：香港新界荃灣德士古道二二〇至二四八號荃灣工業中心十六樓
電話號碼：(852)2150-2100
傳真號碼：(852)2407-3062
電郵：info@suplogistics.com.hk
網址：http://www.suplogistics.com.hk

台灣發行：秀威資訊科技股份有限公司
地址：台灣台北市內湖區瑞光路七十六巷六十五號一樓
電話號碼：+886-2-2796-3638
傳真號碼：+886-2-2796-1377
網絡書店：www.bodbooks.com.tw
台灣秀威書店讀者服務中心：
地址：台灣台北市中山區松江路二〇九號一樓
電話號碼：+886-2-2518-0207
傳真號碼：+886-2-2518-0778
網絡書店：http://www.govbooks.com.tw

中國大陸發行 零售：深圳心一堂文化傳播有限公司
深圳地址：深圳市羅湖區立新路六號羅湖商業大廈負一層〇〇八室
電話號碼：(86)0755-82224934

心一堂微店二維碼

心一堂淘寶店二維碼

地理錄要 卷五至卷八止

天元五歌

天元餘義

附雜摘先後天體用說
九宮元運
五黃到方

地理辨正錄要合璧

續解悲遵原刊 楚湘

己巳春朱壽朋題

地理合璧題詞

聖賢大道此為首端救濟良策修齊偉觀

兩間造化二氣旋盤潛心研究祕法畢完

此道通曉物阜民安邦家之光美哉斯刊

戊辰冬至紫雲撰句　朱壽朋書

地理合璧錄要卷之五

錄要于序

地學雖藝術而原本於易易之廣大精微貫三才徹
始終雖聖人尚有假年之歎況中人以下者乎然鄭
夾漈嘗云索象於圖索理於書人易為學故詩載陟
獻降原記稱卜宅葬日未嘗不散見於諸經自黃石
公郭宏農輩衍其旨而創有專書唐之楊曾諸家又
精其術而分疏奧義其學識固非後人所能津逮第
青囊葬經文辭質噩僅傳梗概即天玉寶照亦義隱

乾坤法竅
崔憲問答
天元五歌
古本歸厚錄
地理錄要列左

地理合璧　卷五

言中意存言外後之言地學者未窮斯旨則歧途百

出迷為矛盾皆冥於本原不得其門者余昔因親塋

未卜從事有年徧閱坊刻諸本淺陋無稽未有一及

河洛之旨迨得古本歸厚錄天元歌於巒頭理氣悉

闡正宗尚嫌引而不發微露金針惟驪江鄭氏蕉窗

問答一卷指實直陳不為隱約之辭瀋陽范氏所刻

乾坤法竅三冊雖蕪詞未達而盤法諸說確有師承

惜予年老限於資學未能深通其奧又恐諸書傳刻

者少未免久而散佚爰為刪其繁蕪編次成帙付諸

剞劂、以公同好、俟後之哲人觸類引伸、可以窮神知

化未必非先河後海之義云、

嘉慶壬戌日躔鶉首之次蘭林于楷端士氏序

凡例

(甲) 一歸厚錄天元歌刻本雖少而各本不同有所得
不全而非完璧者有私爲棄取而失本旨者有
附會妄改而遷就異說者今擇善本悉爲改正
增入

(乙) 一歸厚錄原注向有夾雜套話反失正意稍爲删
潤以歸簡潔

(丙) 一歸厚錄既已四言用韻則不宜失粘貽譏大雅
今照韻移易數字若有關緊要處則寧使失粘

仍存原字、

丁一蕉窗問答小註內有重複處有繁瑣處有正文
已明、不必註處稍刪一二、若有要旨必藉注而
始明者並不裁減、

戊一天玉寶照二書乃地學中之眞脉的旨惜元微
之理而以術家語出之故下字不的往往爲術
士附會誤解大鴻蔣氏辨正一書關偽存眞大
具婆心猶嫌半含半吐不露金針今所刻諸書、
悉天玉寶照中之註脚細心體認自能一一印

己

諸書於堪輿理法獨得正宗如砂中之金淘汰

已精此外有故作隱語不着色相失之元虛者

有胸無成竹好醜雜陳不歸畫一者概不入選

選擇爲扶助山向節宣時令之要務星命之學

庚

精七政者少今摭錄其有關地理者數十條以

備選擇之大略若神而明之則存乎其人

辛

諸書義理可稱詳備然地脈不同水情互異則

尚有臨地之功或覆驗舊扦識源流之眞假或

合不必再爲註刻

錄要凡例

地理合璧　卷五

〔主〕

比同形局悟得失於毫厘証印多則目力愈眞

閱歷久而心思乃細否則言之娓娓四顧茫然

是書亦紙上之空談耳

一理境地情兩俱得矣尙有用針之法夫大道惟

一針豈有三天氣地氣交互合併金針浮平一

線是卽感天地交之氣也明乎一定之正針方

可施吾作法定八卦以捉脉乘運分三山以收

水立向遵七政以造命扶山夫然而地學之能

事思過半矣

書乃地學千中之真
脉的旨等語此處
（逆條云挨星之
說久傳為元空之秘
旨〇挨排方位其
說不經云云玄空
以管見云云毅然關之
之〇等〇可知

朱紫君先生未明天章
空挨星之秘點云
天玉寶照二經乃
地學甲之真脉
的旨〇其實仍未
何則天玉寶照
乃發明大玄空
挨星之秘因尋律
有秘訣故各宗註
解尚未全面其

真看令人未能
會〇朱君又不幸也
觀此〇學地理非此傳
口授萬進成功也〇

完全明瞭〇〇

地理合璧　卷五　錄要凡例

餘

一 挨星之說久傳為元空之秘旨然挨排方位其
說不經且與分卦乘運多所矛盾故於第三卷
挨星訣後歷考經史附以管見毅然關之未知
高明以為然否

此條癸欄列在楣端清閱之便知挨星之法可不
去想知玄空真奧者必不出此言惟玄空真奧秘
訣知者甚屬寥〇故有此發言

例外厄言二則

一 造葬為生人日用之常經而其義則天道人道
咸備作善降祥作不善降殃天之道也必忠孝
節義修人道者得遇吉地故求地者當以修德
為本不當以邀福為心此蔣公所謂先天之太

三

極、爲堪輿中第一要旨、

是書反覆推明地理之正宗造其極卽知性知

天之學能明斯詣者當抱璧自珍存利濟之心

則可作謀生之業則不可此是地學中立身行

己之要旨

地理合璧錄要卷一目次

地理合璧　卷五

天元歌于序

捉脉點穴無非乘氣、其理實從盈虛消長動靜互根

中參出、山平本屬一體特淺近者拘泥形迹忘其本

源耳、大鴻蔣氏述前人之遺意而作天元五歌其於

尋龍捉脉乘運挨星、山平陽宅諸法畢備允為地學

之正宗導河探源極其精微何難與楊曾合轍彼三

合諸家拘拘於方位形象論五行生旺直是坐井觀

天作門外漢耳

嘉慶壬戌日躔鶉首之次端土于楷序

地理合璧　卷五　天元歌于序

天元歌原序

昔我師授我以玉函之秘曰天氣生魂地氣生魄陰
陽魂魄造化之精英性命之根底於是乎寓焉若祖
宗父母葬不得所則二象薄蝕五行為災身且不保
而何有於延年獲福今授子以玉函之秘山原水國
二宅奧樞能窮其旨是即人世金丹但天道深微傳
非其人毫釐千里適足自誤誤人爾於是薰沐敬受
而微言妙義不克驟通小慣則昏旦失經大疑則寒
暑易序比其曉悟星歲十週又復遍考遺踪驗其得

天元歌原序

失、盖執掌者二十年、胼胝者數千里、乃得內無惑思

外無疑製、故願廣志殷嘗持奧義以贈後人、而見淺

見深多方政誤或始信而終疑或得半而自足或以

僞而亂眞欲求通曉豈爲不易惟携李沈生于生及

同郡王生輩資性肫篤服膺不衰丁酉之歲偕我周

生翺翔入越越之彥士觴予於宛委之山惟時同遊

者多人呂子相烈求卜一邱奉藏母翌幷於宛委南

麓爲定馬鬣之封而呂子之再從叔師廉及弟洪烈

先與予詩酒倡和得意忘形縞帶紵衣願言古處呂

地理合璧　卷五　天元歌原序

氏諸子之定交於予匪朝伊夕矣夫于越諸山祖于
金庭天姥委于四明若耶霄客之所都居羽人之所
遊衍願隨同好之士披衣嵐岫坐嘯巖阿以故酉戌
之後歲必適越三浙以東虞江以西足跡幾遍呂子
同遊日久山川之變態心目洞然叉欲周知昔人裁
制之法而進問於子予遵奉師訓敬授以玉函秘義
而總其要爲天元歌五篇呂氏世族代產聞人挺茲
後昆詎慚先哲是能曲暢斯歌不晦雲陽之旨使有
覺之類咸識慎終則太媄之餘巧未必非利濟之全

能也以是窮探道奧夫豈遠乎

歲在己亥日月會於元枵之次中陽大鴻氏題於會

稽之樵風涇

地理合璧錄要卷之五

天元五歌

杜陵蔣平階大鴻著

　　　　　秀水于　　楷端士校

　　　　　上海朱之翰紫君印

天元歌第一　總論

一元浩氣函三象、混沌分開漸升降、天清地濁成兩

儀、陰陽互根氣來往、山川土石象中氣、日月星辰氣

中象、二氣相抱不相離、濁陰本是清陽相惟有人爲

萬物靈品配乾坤、號參兩一人自具一天地卓立三

才不相讓、

首章言陰陽一氣天地一物而人與天地合體、

生時衣食居廈屋萬室榮枯遍九牧死時埋骨歸黃

土反本還原義相逐還從地氣吸天光變化蒸噓蔭

百族精魄苦樂人不知第驗子孫受禍福

此章言陰陽二宅皆天氣陽精反本化生之妙用、

墓宅吉凶較量看新坎舊墓也相參墓宅兩興宜鼎

盛墓宅兩廢斷人烟宅凶墓吉兒孫慶墓凶宅吉眼

前歡祖父新阡沾殺氣高曾福蔭他房去寒林忽發

一枝榮、若非新宅、必新塋、吉少凶多、福來短、吉多凶

少禍來輕、

此章言墓宅新舊當參看、

更看尸骸寒與煖、歲久骨枯取效緩、惡山惡水昔曾

埋、消盡陰霾氣方轉、初喪新骨天靈全、葬乘生氣朝

花鮮、更遇嫩山并嫩水、一紀之內錦衣還、兼將宅氣

來相輔、卑田院裡出高官、

此章言墓氣遲速之驗、

勸君大地勿惻求、大形大局少根由、縱有千山並萬

水奈與穴氣不相投一枝一泡山龍眞。一鈎一曲水

龍神。肉眼只嫌結局小。箇中生意滿乾坤恨煞時師

不識眞。常將假局賺他人謀佔靈壇並舊墓壞人心

術惹天瞋豈知吉地方方有只在眉頭眼下尋。

此章戒人勿貪大局而爲花假所惑

此書不是術家書河洛精微太極圖識得元機根造

化花前月下盡春和義文周孔心相印禹範箕疇義

不磨管郭遺文多僞托曾楊口訣世間無若不傳心

幷傳眼靑囊萬卷總模糊天涯倘遇知音客留取狂

言醉後歌

此章自序地學得傳之正

此篇原本尚有空套數節因其無關緊要稍爲

刪去以歸簡淨、蘭林

天元歌第二 論山龍

昔日華山陳處士演圖太極傳當世推原天地未分

時只有坎離水火氣二氣盤桓不相離清者為天濁

者地坎離一交成乾坤制造大圓如冶鑄黃輿乃是

冶中灰水火煎烹積滓嶙山情剛燥火所凝骨髂支

撐為砥柱

首章推原渾天化生之始大地山河成象之初

欲識龍神先識起。龍若起時勢無比高山萬仞削芙

蓉千里層巒皆俯視此龍多分火木形放下羣枝行

八際，一枝一葉有龍神正龍端向中央去山形一起

一龍分數起數分龍益尊龍神分去無非穴正幹偏

枝力不均、

此章言眞龍起祖分宗枝幹之理、

看龍看起復看斷。凡屬正龍斷復斷、斷時百里失眞

踪穿江渡海情無限、山根委曲地中行不是神仙誰

着眼、

　此章言眞龍斷伏之妙、

識得斷龍方識結結穴玄微最難說世人求穴近大

山且要案山龍虎夾豈知大山龍未歇縱有窩藏反
走泄眞龍偏結曠野中踊躍奔騰失舊踪饒他落在
深山裡也要平坡萬象空好龍勇猛向前奔從龍不
及過關津譬若神駒日千里難將凡馬望其塵亦似
三春抽嫩笋從龍如撑抱其身一朝雷雨干霄長節
高撑落不相親時師只怪無龍虎眞龍眞虎穴中鎖
會得天然龍虎時浪打風吹皆樂土
此章言眞龍結穴變化之奇而辨時師單重外砂
之謬

龍神雙雙顧祖宗，如子戀母遠相從，若非祖山為正

案，另求特案配雌雄，百里真龍百里案，賓主威嚴真

匹，莫言作案便非龍，但是高峰都不賤，

此章言真龍相朝相顧自然之理，

辨穴先須辨落脉，落脉乃是穴消息，頂上生峯脉頭

角，兩邊開帳脉羽翼，粗枝出細好花房，老蚌生珠光

滴滴也，有好龍無脉看，高岡平阜只粗頑，彼處祖宗

多脫卸，數節之前骨相完，大率真脉有二種，連脉飛

脉精神逈，連脉真踪在本山，飛脉他山復一湧，本山

定是結垂頭。他山牛作抛珠弄也有飛脈遠數里起

伏愈多龍愈美時師只道餘氣長或作羅星水口當

豈識眞龍饒變化草蛇灰線最難詳教君到此須求

盡眞龍大盡貴非常近山飛脈不嫌土遠山飛脈石

中數若無眞石盡浮泥恐是人工難証取

此章詳辨眞龍出脈變態

與君細論石中機石是山精骨髓滋時師只怕石無

穴誰道眞龍石始奇眞鉗眞窩石內藏眞龍眞虎石

兩旁識得枕棺龍口石。千山玉乳灌心香結穴之石

此中推行龍之石只胚胎，不審其中元竅理，滿山頑

石豈堪裁試言結穴有二品，石穴土穴貴相準，石穴

端的是窩鉗。慎莫鑿傷龍骨髓，土穴太極暈中包內，

象分明外象隱。窩鉗土色不須論太極重輪仔細尋。

真土原來石變化不同，凡土沒精神，世人鑿穴但求

土若逢凡土枉勞形

此章言石土二穴真機、

問君下穴有何法，正龍正下是真訣。時師只說冲腦

門，每向龍旁尋倚穴，精華走泄發不全，左右偏枯房

分絕也　有眞龍偏側走龍自側來穴自正此是龍神

一轉頭結頂垂唇巧相稱

此章言下穴之法

語君結頂是眞訣披肝露胆爲君說龍不起頂非眞

龍穴不起頂非眞穴結頂名爲眞穴星穴星圓暈產

眞金世間萬寶金爲貴此是眞陽露妙形眞龍大地

皆同體遇着眞金莫放行亦有穴星兼四曜不離金

體是眞精

此章言眞穴起頂要訣

識得龍眞與穴眞天機造化任我奪不得眞龍與眞

穴我師更有方便訣傍枝傍脈有來情只要穴後生

一突緊粘突下作穴星此又名爲接氣法人丁財祿

兩豐盈亦堪衆子登黃甲君看當今富貴坟半是接

氣非眞結

此章言接氣穴法

亦有眞龍前路行腰間脊上有三停湊着龍身下一

穴此作騎龍斬氣名

此章言騎龍斬關穴法

真龍餘氣本非穴，撞背來時氣未絕，亦有龍旁一脈

垂，此號流神皆可發，世人見發說穴真，豈意龍頷剩

明月。

此章言不得真穴而得餘氣流神二種，亦能發福。

囑君點穴緊中粘，莫嫌湊煞出氈簷，得龍脫脈真元

散，受水乘風禍轉旋。

此章申言葬法不宜脫氣。以下直指山穴諸忌

格。

我有真人枕中記，說盡葬山諸大忌，一一分明告世

人廣度羣迷長智意、第一切忌下空△窩、空窩積水寒

氣多葬下淤泥骨腐爛子孫滅絕可奈何穴無貼肉

若坐空。定有淋漓向穴冲水流割腳巳難忍水若淋

頭立見凶。

此章言穴忌空窩

第二切忌下低坦△穴若低坦眞情散、坐後全無貼

星平坡漾蕩生憂患、

此章言穴忌低坦

第三莫下天△風刼高山頂上空無穴、八面風搖骨作

塵此是風輪不可說

此章言穴忌天風

第四莫下龍脇背龍向他方氣不聚縱然穴後不空

虛墻頭壁下無根蔕

此章言穴忌脇背。以下辨俗術之誤

恨殺堪輿萬卷經當年曾有滅蠻名陰陽兩淨名為

淨只取陰龍剝換清若是嫩龍終是嫩乾坤辰戌皆

英俊若是老龍終是老巽辛亥艮未為寶浪說貴陰

而賤陽天下奇龍擺葬少

此章辨貴陰賤陽之非

五星只取影中形九星變化亦非眞撰出後天生與
尅豈解先天大五行先天五行無生尅一陽變化皆
太極眞木原從土裡生眞金本是火中出語君莫避
尅胎龍木金火水原非逆

此章辨星體五行生尅之非

更把方隅分五行左迴右轉別陽陰生方旺地求高
峻堪笑時師掌上尋生龍本有生之情死龍亦有死
之形生生死死隨龍變豈在方隅順逆輪

地理合璧　卷五　天元歌

此章辨方位五行生旺墓絕之非

或取喝形來點穴此是仙人留記訣好穴難將告後
人記取眞形揣摹合子微玉髓巧分名只爲峰巒論
應星若說龍胎眞有相後人虛揣失眞情

此章辨喝形點穴之非

山上龍神不下水先賢眞訣分明語時師却把水來
輪衰旺順逆紛無已誰知水法不關山失水乾龍會
上天直瀉直奔通不忌蝦鬚蟹眼莫求全

此章辨山穴必兼水法之非

雲陽本是先天老眾說紛紜如電掃血淚沾襟歌再

歌天機泄盡誰人曉

此章自序得傳之正而歸重於人之信寔無疑

天元歌第三 即水龍訣 論水龍

天下平洋大地多平洋龍法更如何世人盡說平洋
訣都把山龍溷揣摩郭璞久分山水法平龍不與山
龍同山龍來落有根原大地平鋪一片氈首尾去來
無定所分枝過峽不須言莫把高低尋起伏休言渡
水與穿田、

此言山龍水龍郭氏已分不容溷用一法、

山是眞陽神在骨水是純陰精在血山常葬骨不離
肉地惟葬肉不離血人言生氣地中求豈知地氣水

地理合璧 卷五 天元歌

十一

邊流。流到水邊逢水界。平原浩氣盡兜收。

此言平洋乘氣之法。○葬必界水者平原之氣渙

散，遇水而後兜收也

山性本火主炎上水性純陰主潤下炎上高起是眞

龍。潤下低蓄是朝宗。山穴後高丁祿旺，水穴後高絕

無踪。

此言山平取用高低之別，

水龍原不異山龍將水作山以類從，水龍卽是山龍

樣，枝幹分行事事同大江大河幹龍形小溪小澗支

龍情幹水潆蕩少眞穴猶如高山無眞結支水屈曲

情相得譬若成胎有落脈自上而下山之止自外入

內水之止。山龍多止止求眞水龍多止止貴神凡是

止形皆可穴頑山頑水盡黃金

此言平洋與山龍支幹結穴止氣之異同

我有水龍眞要訣水形有轉是眞結。直來直去龍之

僵有灣有動龍之活一轉名爲抱穴龍抱穴富貴在

其中二轉三轉貴不歇。四轉卿相不須說轉處不分

名息道轉入分流名漏道。惟有息道是眞龍。漏道多

轉總成空。轉水不漏皆堪穴不必止處求盡結盡結

原來是龍頭轉處腰腹亦堪收龍頭偏側俱精妙腰

腹完全力量優。

此明水龍穴道轉結眞機。凡龍脈之來活動曲

折爲生硬直粗逼爲死定脈取穴當棄死就生。

平洋之地浜底進脈有左死右生右死左生之別

凡進氣若左來必右浜長如右來必左浜長長爲

死短爲生葬生者吉

求全不必水來多一道單纏養太和更有沓龍從外

護愈多愈美酒添酥雖取羣龍來輔佐還從一道作

龍窠別有雌雄兩道交交時却似馬同槽此是水龍

奇妙格相吞相戀福多饒

此明水龍行度結作乘氣之法在其中乘運之法

亦在其中

前六句以內水為主後四句另言水龍交氣之穴

○何以一道縹兩道交何以養太和作龍窠心中

眼中當別有領會　蘭林註

水中亦有穴龍星五曜時時現正形五曜只求金水

土木形有轉土之情道木火星皆大忌水形吞吐露

金精若應三垣并列宿官階品級最分明但取穴星

親切處不離金土蘊眞靈

此明水中巒頭星體。水城有五金土水城抱身

則吉火木二城斜插則凶

五星論定穴當裁三法千秋慧眼開坐水騎龍爲上

格。砂水俱在挾龍倚水亦佳哉即左右環繞向

穴後兜繞即左單提右單提右環繞

水攀龍非不美。水在穴後山有水始無衰則坐後環繞

玉帶水也 掛角并兼三法定莫侵漏道損龍胎身言有貼支體本

此章直指水龍裁穴三法歸本於坐後之水而最
忌漏道、

坐向雖有三格、其寔因地形之結局而定。該坐水
則坐水該向水、則向水該左右水則左右水若能
得穴俱有大地。三格有何優劣哉若泛就三格而
論終當以向水為正格。盖大地必有特朝之水若
得元乘旺向之最美況前接當面之旺水正以收
坐後之真脈向法何嘗不與葬山同、其說已詳載

歸厚錄坐向章後 蘭林

龍胎雖固稱人心遠水安坎死氣侵沾着水痕扞貼肉陰陽交度自生春。

此章言水龍下穴貼水為要蓋雖捉得脈住又恐或脫或急乘氣不的故須遠近適中方始陰陽交會也

平原春到好裁花挹注盈盈氣脈賒真水短時結氣短真水長時寔可誇長龍定主源源貴短龍只許富豪家平氣不如環氣足龍逢轉處發萌芽更有一端

分別處淺深闊狹辨龍車。

此言既識龍矣又須辨其長短平環等方知力量
之厚薄久暫

水若乘車號秀龍。空車湖蕩是痴龍得運秀龍能富
貴外情內氣要相通帶秀痴龍亦顯赫痴龍後蔭福
無窮

此明龍之痴秀兼湖蕩痴龍穴法。以上皆論水
龍巒頭體格

水龍剖盡骨生香妙用玄機不可量八卦三元幷九

曜毫厘舛錯落空亡問君八卦如何取洛書大數先

天矩五帝三王緯地書九州九井皆從此只把旁龍

一卦裝莫憑三八分條理須識水龍龍骨眞骨若不

眞龍不起

此明水龍理氣當專主八卦方有局法作手

九星八卦貴乘時上下三元各有宜葬着旺龍當代

發葬着平龍發跡遲葬着死龍憂敗絕縱然合格也

難支不是八神齊到穴出元之局莫相依

此明元運衰旺之重

定穴惟看貼水城。毫厘尺寸要分明。更有照神能奪
氣。外洋光透失宮星。宮星若重平分勢。照神若重獨
持衡外照過多分氣亂。局神不定運多更。還有水龍
眞妙訣、只將對脈論來情。來情若在眞元位諸局參
差一半輕轉折短長純雜處此中消息眼惺惺。
此又明宮照二神而歸重於來情之水得運爲主
三元既辨龍神旺九曜不純龍力喪此是山家大五
行納甲爻中應天象五行九曜轉乾坤稟命天樞萬
化根在天北斗司元氣在地八卦顯天心四吉四凶

分順逆父母二卦顛倒輪此父母二卦顛倒猶管上元乾領三男下元坤領三女也不可誤認天向首一星災福柄去來二口死生父地母卦上去

門靑囊萬卷無非假三合黃泉枉問津能將九曜爲

喉舌大地眞精一口吞

此明九星挨卦之重。以上論水龍理氣作法

挨星之說管見不取其逐條考証已備載第三卷

挨星訣後 蘭林

△ △

更說高原無水地亦有眞穴隱其際乘高臨下卽江

河萬頃低平能界氣高低數尺合三元一旦榮華諸

福聚若坐低空在後山數世箕裘常不替。

此又言原隰之穴。

江北中條平地踪無山切莫強求龍雖是乾流無水
△ △ △

道溝渠點滴有神功隱隱微茫藏界水葬法寔與江
△

河同、我向乾流指眞水能使上士豁心胸。

此又言江北平陽之龍穴。
△

高山垣處近平田莫作山龍一例看若遇乾流或水
△ △ △

際亦將此法論三元。

此又言高山平陽。以上三節論無水平陽與有

水平洋一樣看法

若論葬水勝葬山　葬山歲久氣方聯　葬水秀龍兼旺

運三年九載透天關　山本陽精中抱陰　陰精是水陽

內存葬陽得陰陰漸長　葬陰得陽陽驟伸

末言平洋水速勝於葬山

從來水路後天成　不同山骨先天生　山骨培補終不

應水脈疏濬引眞情　當年無着修龍法　修着之時旦

夕靈莫道人工遜天巧　江淮河漢禹功成

未段又言裁剪之法

楊公昔日救貧法記取三元非浪說陰陽消長互相

根無著禪師親口訣杜陵狂客不勝愁四十無家浪

白頭水龍一卷贈知己大地陽春及早收

夫平洋捉脈寓有形於無形呈無象於有象是是

非非一片化機苟捕風捉影望洋渺渺何處著手、

於西陵顧氏得之洵渡人寶筏也、惜趙璧未全似

余早知楊公有水龍二卷、訪之十年終不可得近

也漫演歌訣、聊當樵歌漁唱、然自此搜尋陽和大

非完美但舉一反三、觸目皆是、正不貴多多益善

地理合璧　卷三　天元歌

地亦復不遠云〇

平階大鴻氏又識

地理合璧　卷五　天元歌

天元歌第四論陽宅

人生最重是陽基却與坟塋福力齊宅氣不寧招禍

荅骨埋眞穴貴難期建國定都關治亂築城置鎭係

安危試看田舍豐盈者半是陽基偶合宜

首章言陽宅與陰地並重

陽基擇地水龍同不用前篇議論重但比陰基宜闊

大不爭秀麗喜粗雄大蕩大河收氣厚涓涓滴水不

關風若得亂流如織錦不分元運也亨通

此言陽基龍法亦如水龍故不復論但取局闊大

乃可容受若衆水合聚則八神齊到三元不敗

宅龍論地水神裁尤重三門△八卦排只取三元生旺

氣引他入室是胞胎一門乘旺兩門四少有嘉祥不

可留兩門交慶一門休大事歡欣小事愁須用門門

多吉位全家福祿永無憂三門先把正門量後門房

門一樣裝別有旁門幷側戶一通外氣卽分張設若

便門無好位一門獨出始爲強

此章言陽宅門氣

門爲宅骨路△爲筋、筋骨交連血脈均若是吉門兼惡

路醆漿入酪不堪斟内路常兼外路看宅深内路抵

門闌外路迎神幷界氣迎風界水兩重關

此言陽宅路氣

更有天風通八氣牆空屋闕皆難避若遇祥風福頓

增一逢煞氣災殃至

此章言陽宅風氣

嵓嵓高高名嶠星樓臺殿閣一同評或在身旁或遙

應能迴八氣到家庭嶠壓旺方能受蔭嶠壓凶方鬼

氣侵

此言陽宅嶠氣

冲橋冲路莫輕猜　須與元龍一例排、冲起樂宮無價△　△

此言陽宅四宮化作灰

寶冲起四宮化作灰

此言陽宅冲氣

起泰山倒壓有何功

宅前逼近有奇峰不分衰旺皆成凶、撞頭咫尺巍峨

此章言陽宅逼氣

村居曠野無攔鎖地水兼門一全取城巷稠居地水△

寬路衢門嶠並司權

此言城市鄉村陽宅之異、

一到分房△宅△氣移一門恆作兩門推有時內路作外

路入室私門是握機當辨親疎并遠近抽爻換象出

神奇、

此章言陽宅分房之異、

論屋神祠△理最嚴古人營室廟為先夫婦內房尤特

重陰陽配合宅根源

此章言神祠寢室為更重、

八宅因門坐向空三元衰旺定真踪運遇遷流宅氣

改人家興廢巧相逢

此章言八宅以門為定不取坐向卽氣口反為呼

吸之義而歸重三元衰旺故宅有隨時與廢之別

此是周公眞八宅無着大士傳流的天醫福德莫安

排誰見遊年獲福澤逢興鬼絕更昌隆遇替生延皆

困迫太歲神煞若加臨禍福當關如霹靂門內間間

有宅神值神值星交互測此是遊年剖斷機不合三

元總虛擲

此章辨小遊年翻卦之謬

九星層進論高低間架先天卦數推雖有書傳多不

驗漫勞大匠用心機

此辨層進九星間架卦數之非

山龍宅法有何功四面山圍亦辨風或有山溪來界

合兼風兼水兩相從若論來龍休論結結龍藏穴不

藏宮縱使京都并郡邑只審開陽不審龍

此言山中宅法

陰居蔭骨及兒孫陽宅氤氳養此身偶爾僑居并客

館庵堂香火有神靈關著三元輪轉氣吉凶如響不

容情透明此卷天元宅一到人家識廢興

此章言陽宅福蔭生人視陰地較速凡有樓身不

可不慎

陽居比陰宅元運更重歷驗得元失元之宅興廢

不爽毫髮陰居尚有餘氣之遲速陽居則一逢衰

旺如響斯應其稍有不同者陽基宜局大氣厚不

比陰宅之一線受氣但亦須形局端整天井大小

配合更得門法之進氣隅空之風氣道路橋梁之

來氣界氣祠宅床房之受氣有以引之迎之界之

配合之其法斯備故第四卷後更附得一錄以備

參考 蘭林

地理合璧 卷五 天元歌

地理合璧　卷三

諸家選擇盡荒唐斗首元辰失主張奇遁演禽皆倒

亂不經眞授莫猜詳

首言諸家選擇之非

世人尅擇重干支化命生辰各操政豈知死者已無

權反氣入地爲復命復命能司造化神生者命從葬

者定故有仙人造命訣不是支干子平法渾天寶照

候天星此是楊公親口說不怕三煞與都天陰府空

亡俱抹煞年尅壓命有何妨退氣金神皆滅沒一卷

地理合璧　卷五　天元歌　　二十四

天元烏兔經留與人間作寶筏

此章直指選擇造命之法而歸重於天星可廢一

切神煞拘忌之說

太極始判兩儀分其中日月是眞精金烏玉兔本一

物五星四餘從此生聖人觀象演歷法干支甲子作

天經五行俱是陽中氣神煞何曾有別名只將日月

同元化萬象森羅在掌心

此言造命天星以日月爲主

世間萬物各有命不但生人男女定造物制器可同

推修造葬埋咸取証日月五星大象同一時八刻一

移宮。造命玄機時作主。毫厘千里不相通

此言萬事萬物各有命而其機在時

先將晝夜別陰陽。晝夜晨昏出沒詳。先須分晝夜十此論用日月

二宮中三十度大約六度是分疆。二十八宿七政明

論宮論度要平分深則論宮淺論度。一分一秒不容

情命入纏宮變五氣日月隨命分五行五曜四餘扶

日月生尅衰旺準天秤最取用星為福曜有恩有用

作干城用若專權爲上格忌星一雜福斯輕。

地理合璧　卷五　　天元歌　　　二十二

此章論十二宮分度纏命五行而歸重于恩用

用曜一星落何處陽時陰候分邊際冬夏二至陰陽

極春秋兩分是平氣平氣陰陽用可兼尤看晝夜與

宮垣畧過平氣陰陽別當極之時禍福專陽令惟用

金孛水陰令惟用羅與火秋木獨宜水兼孛春土火

羅金計土春在分後須陰助秋在分後宜陽輔

此專論四時用忌之各異

宮辰星體兩兼收度前度後要深求尤向五星探伏

現逆來順去并遲留三方對照緊相隨同宮隔宮一

例推拱夾有情權力大日月交授格尤奇

此備言宮星恩用諸格正變之法

身當旺令不須恩但將用曜作根源平令獨恩難發

達衰時得用兇無慈以恩為用眞至寶以難為用多

起倒以恩為忌壽而貧以難為忌身不保

此言恩用離合之法

本宮端的管初年宮若不純須舍旃必取宮身俱妙

合長安花滿任揚鞭

此言宮星並重之妙

就中暗曜最難知空地翻同寔地司

午丑亥二曜子中依

此言暗曜變格

更有橫天交氣法。寅申有曜亥宮思巳丑卯宮亥未

此言橫天交氣法而借亥卯酉三宮爲例

酉短長多寡度中移

月逢晦朔皆爲福何必蟾光三五圓但忌陰陽當薄

蝕七日之內勿爭先太白晝見經天日雖有恩星失

柄權

寅戌兩宮光在

地理合璧 卷五 天元歌 二二七

味慎莫差訛累後賢

俚句流傳實至言雲陽五曲號天元其中奧旨須尋

末推原造命本于天宮歷法

啟細察天星造命詳

無奈星家多失學增添宜忌謾誇張天元秘旨今朝

此辨星書諸格之謬

假升殿入垣莫掛牽

果老星宗此的傳星書卷卷失真銓諸般格局皆虛

此論薄蝕經天皆所忌

地理合璧　卷五

此總結五篇而致其叮嚀之意

第五選擇歌註　原註

擇日之法在于善候天星而化命不與焉盖人死

則形消氣返有生之理已終而復追求其始生之

年以配四柱忌其冲犯避其而殺求其生旺擇其

祿貴此眞不明理之言也大凡人事莫不因乎天

而成乎地鑒穴而深藏之所以受地氣度日時而

後下所以受天氣故古人謂之造命造命謂何山

水龍向本自天然然未穴之前猶如太虛渾漠無

着鑿而穴之則如混沌之初開萬象之初立地之

靈氣有所依附如人之初出胎然後此之殊祥從

此時始故謂之造命也造命之法以日月恩用之

拱夾定格以晝夜陰陽之分宮定局以格局定日

以日之躔度定時以時定命以命定恩以二至二

分之時令定用審山向之正偏論入宮之深淺推

卦氣之衰旺觀穴形之強弱日暖風和月明星朗

雲霧不生山川明媚則天精地華合爲一氣而毓

秀無疑矣至於應驗之期總以三合弔冲塡實之

年月斷之若夫諸家神煞在所不拘神煞雖多不

能出於五行之外五行有日月星以為之主而五
星又生於日月之兩儀天地雖廣經之以度但得
日月五星到度又何神煞之有雲間蔣大鴻所著
天元第五歌專論造命錄而註之
造命之法所重在時以太陽所躔之度加時宮度
推之蓋陰陽晝夜時刻之分祇在于日日出則明
而爲晝以行化于天日入則晦而爲夜以育精於
地是以造命立于卯取日出而發生之義葬命立
于酉取日入而成胎之義假如冬至後日躔箕斗

之度、在丑宮若用丑時、則宮辰不動造日立命於
卯屬火葬日立命于酉屬金若用寅時則日同箕
斗之宿已在寅宮而寅宮心尾之宿亦移而至卯
申宮昂畢之宿亦移而至酉則造日當立命於寅
屬木葬日當立命於申屬水其餘倣此推之十二
宮辰所屬以午未爲天子丑爲地寅亥卯戌辰酉
巳申則自下而上以春夏秋冬配之蓋取日月相
對之義故寅爲春木而申爲冬水也吳下風俗多
作壽坎其立命宜同造日若用葬日于理未安叚此

二十六

地理合璧　卷五　天元歌　　三十

註世間萬物各有命　至

毫厘千里不相通下有命

刻以分晝宜立何命得太陽有情以分夜宜立何

命得太陰有情而立命之宮又當辨其淺深不可

約略了事如周天有三百六十五度四分度之一

以十二宮分之一宮約有三十度零其兩宮分界

之間約跨六度宮氣不清以兩宮平分之則一宮

得三度以一宮前後共計之則有六度不清之氣

若立命值此六度之中只可作度主論出此六度

入宮巳深方作宮主假如冬至後日躔箕四度前

一日三度過丑宮葬日用午時則日同丑宮箕星
到巳寅宮宿到午卯宮宿到未辰宮軫角宿到申
漸次將沒立命當在辰宮屬金以太陽入丑止二
度則辰宮立命亦止二度翼九度過辰則立命當
在翼十度入宮淺只可作翼火論不得作辰金論
矣其同一午時之中又有刻數之差若用午初一
二刻則日之入午宮淺而辰之入酉宮亦淺其酉
宮前二十餘度還是巳宮張翼所占則巳宮之水
氣多而辰宮之金氣少亦不得作辰金論若作巳

地理合璧 卷五 天元歌

宮水命則巳宮立命當在星六巳過辰宮又不得
作水命論也金命以土為恩水命以土為殺宮分
不清則立命不准而恩用無憑禍福之分毫厘千
里故曰一分一秒不容情也大凡太陽躔度在一
宮之中則宮分易清若躔兩傍最易混亂宜細推
之至此一段註先將晝夜別陰陽立命之法全視恩用
一秒不容情下陰陽立命之法全視恩用
恩用有情方可立命要取用星須看節候冬至後
為陽令夏至後為陰令春秋二分陰陽之氣平分
則陰陽用星可以兼收然亦有分別陽用宜晝陰

用宜夜而用星之與宮主又要看其生尅何如則

宜生宮而為恩不宜尅宮而為難也冬至後以金

水孛為用夏至後以火羅為用冬至後為陽令夏

至後為陰令此及時得用之星故曰用星秋月立

命寅亥屬木受尅于金則取水孛有情為恩水孛

雖非用星以木命受尅不得不用之也春月立命

子丑屬土受尅于木則取火羅有情為恩火羅雖

非用星土命受尅不得不用之也金尅木而有水

孛則金為恩之恩木尅土而有火羅則木為恩之

恩所云化煞為恩之妙如此若春月立命辰酉屬

金金氣正衰則取土計雙拱以育之土計雖受制

於春木而見金則無害是以衰旺本無一定恩仇

亦可互通隨時應用何必拘拘于某節某候而後

用日哉此段註命入纏宮變五氣宮辰即立命之至秋在分後宜陽輔下

宮主也星體則所葬本山之形也在天成象在地

成形本是一氣貫通故本山之星體不可不辨其

取恩用與立命同須兼收而不相背為上而立命

之宮與本山之宮俱要乾淨不許有仇難星侵占

有則宜另擇故要深求至於五星惟以順現爲吉

遲留伏逆俱爲無力故仇難之星而遲留伏逆則

不能爲凶恩用之星而遲流伏逆則亦不能爲吉

也此段註宮辰星體凡立命何宮必須取一格局

兩兼收四句以下

方爲有情假如子宮立命恩用之星在申辰兩宮

爲三方在午宮爲對照在子爲同宮在亥丑爲隔

宮其三方隔宮要恩用雙到方爲合格如恩用在

申而辰空恩用在丑而亥空幷所空之宮別星占

住俱不合格拱夾者或恩用拱夾日月或日月拱

夾恩用、或日月同恩用分立兩邊拱夾命宮爲有

情有力　此段註三方對四句凡氣旺則無藉于恩如春

木得火而溫安用水孛秋金得水而清不資土計

惟氣衰者須恩用雙濟爲美克命者爲難克用者

爲忌　令此叚註恩用當旺身八句又本宮所係至重必要純粹

只取乾淨不妨空白但得他宮有星其光來照自

然有情假如子宮立命日月恩用俱在子則爲同

宮相照如子宮空白而日月恩用在丑亥則爲隔

宮夾照在寅戌爲隔兩宮夾照在夘酉爲四正拱

照在申辰為三方弔照在午為對照凡拱夾之格

兩邊宮內不宜一邊有星一邊無星宮星不宜一

邊太多一邊太少星之躔度不宜一邊太遠一邊

太近假如下元癸卯年八月十二丁未日子時葬

酉山日躔巳月躔丑寅宮立命屬木雙恩伴日月

三方拱照此秋木用水孛之一格也又如下元甲

辰年正月初十癸酉日巳時葬戌山日躔子月躔

申計在巳土在卯辰宮立命屬金雙恩夾命日月

三方照命隔一宮照山此春金用土計之一格也

又如上元庚戌年七月十二己卯日巳時葬酉山

日躔巳月躔丑土躔亥計躔未金水夾日火羅夾

月酉山酉命屬金滿局拱照此秋分前後火羅金

水並用之法也又如上元庚戌年九月十六壬午

日卯時日躔卯月躔酉土在亥計在未酉宮立命

屬金日月四正拱山向坐對照命雙恩拱日夾月

以此推之凡一月必有數日合好格者在人善用

之而已 <small>此段註本宮端的管初年以下之而已</small>

雲間大鴻蔣氏天元五歌向無刻本流傳既久未

地理合璧　卷五

免魚魯失眞不見廬山面目今將原本繕刻間有
一二詮解附後必註明某人辨釋庶不至日久刪
改傳誤後人嘉慶七年仲夏蘭林于楷記

三十四

地理合璧　卷五　天元餘義原序　一

天元餘義原序

予既作天元歌五篇其於山龍平洋陰陽二宅之義
已暢厥旨然其為文引而不發世之覽者苟得眞訣
則尋文會意表裏洞然若未知眞訣徒推測於辭義
之餘鮮不循涯而無所適者乙卯長至薄遊丹陽訪
黃堂丹井之蹟束裝有期邂逅羣彥稽留數日究論
天人抉滯辨疑隨筆錄記以其反覆雖多不越五歌
之旨故仍謂之曰天元餘義云爾杜陵蔣平階

地气之發用
分為三格
一高山之龍
二平崗之龍
三平原之龍

天元餘義

杜陵蔣平階大鴻著　　秀水于　楷蘭林校

上海朱之翰紫君印

龍法辨

龍者借名其寔言氣而已矣謂地為龍者亦以地氣
之變化莫測言之蓋地之為氣本一而氣之發用多
端予特疏其名而定為三格一曰高山之龍一曰平
崗之龍一曰平原之龍高山千里來龍分幹分枝連
續不斷觀其節節槎枒重重苗甲有本有末與木之

根本枝條無異雖屈曲輪囷強弱巨細之不齊總從

大幹中抽引而出地脉剝換數起伏斷而復斷無

往不連蓋稟天地陽剛之性歷萬變而質不撓其自

大而細也千仞之山束成一縷之脉其自細而大也

一縷之脉復化千仞之山蓋其為體隱現在骨雖穿

江渡海而地底石骨自在重泉之下其氣自上而下

自浮而沈此乃地脉眞精髓液固結膠注帶氣帶骨

隨路流行葬者穴之骨與骨接髓與髓粘此其用法

惟宜索脉索脉之道微而寔顯縱變化微渺必起穴

平崗

星譬之于木脈者枝條而穴則花房果蒂也譬之人
身脈者其骨而穴則骨將盡際其節隆然而起者也
雖散落平坡之中一望遙空四畔無輔而一起星辰
接連眞脈皆作山龍而論葬法或石或土以求眞穴
天巧自然思議都絕此一格也平崗者高山之餘筋
膜膚肉透迤而下以入於田原者也其重崗之中頓
起星辰有脈可尋有穴可求者乃山龍之脫卸變化
原屬山龍不作平崗論專言平崗者謂其龍不顯脈
穴不起星雖近在山坡之中觀其地勢似乎有所自

地理合璧　卷五　天元餘義

平原之龍

衰音袤廣東西曰廣南北曰衰

平原龍法而其體其用專在于水

來而既不起星只名平岡此不得以來龍接脉星體

立穴之法求之所云高一尺為山低一尺為水要合

山水相兼作法以低處作水界定高處土皮之氣論

局立穴純借外氣乘元用事此其立穴必有砂角攢

簇水城環繞勢夷而特形散而專必待旺氣元中乃

能發福葬法鑿地容棺深不及泉此一格也平原龍

者既無山脈亦無高崗地勢至此雖有高低不名起

伏雖有衰延不名過峽一切來龍格法結穴星辰總

非所論而其體其用專在于水或江河溪澗或溝洫

龍名水龍
穴名水穴
山穴其骨
水穴其血

池沼涓滴流澌情同巨浸人工所鑿力比天成水行
即是龍行水轉即是龍轉水止即是龍止蓋大地陽
和與天一眞精陰陽交合孳尾孕育內外招攝剛柔
相涵此坎離代乾坤之妙用不可以名言者也其爲
地也必乘元運旺氣而發應速而力大此龍名水龍
穴名水穴譬之人身山穴其骨水穴其血此陰中之
陽也變動無方葬法不辨土色不穿深壙培土玄穴
陽精上浮此一格也凡此三格龍法已備楊公曰山
上龍神不下水水裡龍神不上山其義如此然山穴

天元餘義

地理合璧　卷三

雖不取水或水大於山有時亦爲水神所制必待水
局旺元而發平崗之用水則與平原無以異也由此
言之雖名三格寔二格耳

眞穴辨

山龍有山龍之穴、平原有平原之穴皆眞穴也、而其

用則異平原之眞穴、不按龍脈不問穴星不辨土色、

一邱之內自別榮枯今昔之殊頓移衰旺雖有一定

之踪常隨氣運而轉有外相而無內相而又有內相

氣山龍之眞穴全在內氣有外相而又有內相識者

必先因外相審其內相外相與內相脗合扦之不失

要之內相生成尺寸不移石穴第一太極次之眞土

又次之石穴非頑石必有龍口枕棺之石有似琢成

地理合璧　卷五　天元餘義

五九三　四

止可容棺穴爲眞向卽眞向太極者土穴也非謂

紅白靑黃之土便是眞土須此圈暈之內重重包裹

濃淡淺深璀璨奪目眞土者氣質堅凝色澤鮮潤全

與此山不同與太極同爲眞土特少圈暈耳惟有眞

石眞土二者爲眞穴証佐如無卽非眞穴凡予所下

山龍未有不得此而泛指爲眞穴者此等佳穴今人

只緣不知外相則不善審脈不曉星體而孟浪開鑿

何從憶中無怪求玄珠于赤水得之者恆少也嗚呼

種德之英不槪見大地之寶不世出其湮沒也宜哉

地理合璧 卷五 天元餘義

世之論穴情者不審千萬而總無眞訣最庸陋者喝
形點穴一家曰龍形下龍頷虎形下鼻
穴龜形下息穴鳳形下鳳翼或下唧珠蜘蛛下網心
人形下臍陰黃蛇聽蛤其情在耳雁落平沙其情在
盧織女抛梭動在兩乳仙人獻掌穴在掌心妝檯必
有粉盒基盤須點將軍梧桐葉上偏生子楊柳枝頭
出正心如此之類不勝枚舉彼第觀夫名家作記偶
一喝形此、不過眼中看定眞穴無從顯言故托物寄
情緣形寓巧使人循文會意彷彿遇之耳豈沾沾以

喝形爲哉亦有種種証穴之法曰明堂証穴曰龍虎
證穴曰水城證穴曰案山證穴曰星曜證穴曰鬼樂
證穴或以案山之高下定穴之高下或以過峽之浮
沉定穴之浮沉或以龍從左來穴居右右來居左皆
不知眞穴消息舍本尋末棄主就賓暗中摸索而已
亦有五星定穴者金星宜開口土星宜掛角木星宜
揪皮宜節苞火星宜剪尖水星宜水泡差爲近之而
執定五星總非要訣又世傳楊公十二倒杖法意楊
公當日攜杖登山隨機指點後人神其說以爲穴法

地理合璧 卷五 天元餘義

在杖耳、且立穴止有一法、何假十二、至於一法之用
千變萬化、又豈十二之所得盡哉、更有窩鉗乳突之
異、蓋粘倚撞之分、論其結穴點穴之理、寔不外是、而
究不得其出脉之源、若其裁制之法、曰乘金相水穴
土印木、於水曰金魚、曰蝦鬚、曰蟹眼、于沙曰蟬翼、曰
牛角、又曰若還剖破太極暈蟻水便浸棺、此亦定穴
之準繩、而豈穴脉之眞面目哉、眞知穴法者、一見洞、
然、如明鏡照物、不待旁求無煩苦索、不過曰龍脉眞
星體確浮沉吞吐前後左右之間求取眞穴而已矣

既得眞穴有界水亦得無界水亦得有陰砂亦得無

陰砂亦得蓋山形顯著者古今不移而土膚之微茫

者水草變易豈可舍其顯著而信其所不可知也哉

世所指為太極者乃外相之太極非內相之太極也

苟不剖破何以容棺若不得眞穴雖不剖破蟻水安

免既得眞穴矣剖破正所以接脉接脉正所以避蟻

水又安從浸棺耶又有精微之論曰草中之蛇灰中

之線雲中之雁盞中之酥蓋別有一種變幻之穴骨

氣消融殆盡散落平夷渺不可測此則用眼法求之

無中生有虛中取寔正把捉之法非虛渺之談也而
豈謂凡下穴者盡舍其昭昭而索之冥冥乎總之古
人設論本欲世人周規折矩因此悟審穴之法耳不
意一法立而一弊生解縛之法反成增縛故直欲掃
除一切名相之君單提直指使明眼人不假旁求以
影響爲逼眞爲夫穴在高岩之頂或在清冷之淵或
絕壁懸崖俯視無底或單身隻立曠野無依苟胎元
既完何須龍虎眞息住處奚假明堂至寶常在路旁
無人能識盛德不脩文貌何處搜求我爲指出亦有

三法、一曰孕育之穴、一曰迎接之穴、一曰邀奪之穴、

夫孕育之穴、結聚之穴也、或腰結、或大盡眞龍特出

變化無方、有奇脈、有正星、不是石函、須見太極、此穴

至美、而或以醜拙出之、故最不易識、葬之者視其局

之大小決其福之厚薄、苟非世積陰功忠孝節義之

家、不輕指點、此穴中第一格也、迎接之穴、不必眞結、

而亦此山旺氣變動生發之機也、或起息肉、或掛流

神扦之一法、迎其旺氣、接其生機、故曰迎接不見石

函亦無太極、只要其土潤澤堅凝、便爲消息、亦可富

貴蕃息斟之酌之亦眞穴也邀奪之穴龍身之穴也
眞龍方行未住而龍脊之上勢若三停穴星呈露後
見其來前不厭去則立騎龍之穴或轉關之處眞峽
之旁節苞萌芽穴星忽見龍身自去此穴自留則立
斬關之穴凡此二法隨其龍身之貴稱量而發而世
代不能悠久亦眞穴也要之格雖有三而其法本一
故曰得其一萬事畢穴法之謂也

宅分三格

一井邑之宅

二曠野之宅

三山谷之宅

井邑之宅

街巷道路為先

方隅風門為要

水法次之

陽宅辨

人生禍福之數、陰陽宅居其半、陽宅居其半、若祖墓不

沾卤氣、一遇吉宅、輙至榮華、若住宅正屬衰危、縱有

佳扦亦難發福、陽宅之不可不重、如此、我為辨之、亦

有三格、一曰井邑之宅、二曰曠野之宅、三曰山谷之

宅、夫井邑之宅、或居城郭、或居市鎮、萬井爨烟、重圍

比戶、地脈朝向大畧相同、而考其吉凶、判然各別、此

其所重、街巷道路為先、方隅門風為要、而水次之、蓋

車馬人跡因咽闐闐、響振塵飛、無非動氣、此其嘘枯

岑寂之鄉
水法得宜

曠野之宅
以水為主風門方塲
次之道路又次之

山谷之宅
以風為主其餘
皆次之

埊理合璧　卷五

吹生燄逼影捷不同岑寂之鄉若更水法得宜舟帆
交橫尤為出格之局得其元者富貴驟至蓋此宅也
曠野之宅以水為主而風門方隅次之道路又次之
若大江大河則其應亦大小溝小澗則其應亦小此
與平原龍法同科而微有細大之殊專擅一方氣鍾
於特若元運綿長奕世承祧子孫不替蓋此宅也山
谷之宅以風為主其餘皆次之蓋其風摩空而下障
之者萬尋而漏之者千仞竅穴吹條排山拔木其吹
祥也發不旋踵其吹咎也殄無遺迹非真得真元之

氣我不敢居也嗚呼安得三元不替之山谷而奕世

沐其休乎雞犬桑麻與世迥絕擬乎仙都蓋此宅也

凡此三宅皆擇堂氣寬舒水泉平衍之地而築之若

夫通都大邑自然龍脈之結聚然其所謂聚勢聚而

已氣聚而已豈若陰基之地一縷靈光如花房含露

與人之骨髓相沾哉蓋陽宅之所收者外氣而已山

川風物挹攬光華雲奔電閃其作用止在泉土之表

非求之一線之絡至于翻卦遊年此占年之小數非

定宅之正經苟知楊公眞旨則綦可畧也此皆昔人

未發之義予特爲辨析以告世之工于相宅者

覆舊坟辨

前事者後事之師、故學地理者莫要于覆舊坟矣、得
一義焉授一法焉合之舊墓無有不驗而後可據以
為實如或與舊坟吉凶不合中必有惻必當再加考
訂予嘗考之相傳地理諸書與當世行術家言入主
出奴各成其是乃按之舊墓往往不驗心竊疑之後
得杜陵之學以其說印之古先名墓其休咎之應秋
毫不爽然後知覆舊之功不可少也雖然得其傳而
後覆舊則絲絲入扣眞入正宗矣否則泛言覆舊反

致以非作是其誤愈深蓋舊坟之應驗無差而肉眼
之品題多妄或其家本發於舊坟而反指其新扦或
其家實發於新扦而反指其舊墓世代相溷則遲速
不驗此一惑也或其家本從陽基而發而歸功于陰
地或其家本從陰地而敗而歸咎于陽基二宅分途
則測應顛倒此一惑也更有一塚之中或主穴發而
反取其祔葬或附葬合而反取其主穴丈尺之間大
有逕庭又一惑也更有眞龍正結已屬舊坟所得而
下穴之人概非大匠卽遇名賢而吝惜天寶不肯盡

法或沾餘氣而福力較輕或挿旁枝而房分偏跛天

然正穴猶尚投閒後人罔知以爲此龍力量如是執

此論龍龍法不盡執此論穴穴法并乖又一悞也更

有其地本從龍穴而應世人謬指爲某水某砂或其

地本從水法而應世人謬指爲某龍某星即如陽宅

亦有數端或門路風關一時驟起而論者妄揣其來

龍或脩方外氣符合元神而論者偏裝夫卦例凡此

之類萬路千歧一瞽能眩百明一聾能塞百聰交口

訛傳盡爲定論甚至繪其圖象鑴之棗棃後人按籍

而求相與沿襲舊聞而已、一旦遇高識之士指點眞

機、訂其謬誤反詫以為異說、非笑及之、于是乎覆舊

坎之一說湮沒邪蹊莫可救正矣、至于古來名墓世

數遼遠眞跡茫然傳述或多附會必須自出手眼剪

荊棘而露眞踪辨黑白而歸一是然後前人之面目

方顯後學之眼界始開予所慎于覆舊者其意在此

若不得眞傳不具卓識而汲汲引舊蹟為證將不證

其眞反証其偽我憂其愈覆而愈迷也

八卦先後天體用說

易之字日上月下一畫中分而陰陽判所謂太極分

兩儀也自兩儀立而四象成四象成而八卦定矣原

夫天地之始一坎離之氣而已矣坎水也而中有一

陽戊土離火也而中有一陰己土自坎離一交而戊

土入離中成乾卦乾位乎上矣己土入坎中成坤卦

坤位乎下矣易所云天地定位者此也於是積離之

氣而為日積坎之氣而為月東西者日月之門戶也

故離位乎東坎位乎西然兎者月之象而反麗乎東

烏者日之象而反麗乎西者何也此陰陽交感之理
也易所云、水火不相射者此也、西北多山東南多水
故艮位乎西北兌位乎東南西北天門也東南地戶
也崑崙之頂起於天門尾閭之水洩于地戶而潮汐
則上應太陰以為升降一晝一夜一往一還此氣之
上湧乎天門而直達乎地戶也易所云、山澤通氣者
此也鼓萬物者莫疾乎雷動萬物者莫疾乎風晉史
天文志天河為天地之脈絡通行西南東北之方因
之乾坤得以相摩八卦得以相盪運而不停萬物得

以生生而不息、故夫子贊易曰、鼓之以雷霆潤之以
風雨日月運行一寒一暑易所云雷風相薄者此也、
此先天八卦之體也、若夫乾之後天離也坤之後天
坎也坎數一、離數九合而爲十中藏戊己之氣共十
五數六卦皆受天地之偏而坎離得天地之正中氣
者二十四位皆在局中下坎離卽下中氣矣坎之先
天坤也離之先天乾也下乾坤矣坎爲月、
離爲日下坎離卽下震兌矣在易爲坎離之交姤爲
水火之既濟水火相濟而不犯消滅其妙何如故坎

天元餘義

離之局爲第一先天之艮卽後天之乾也先天之兌
卽後天之巽也乾數六巽數四合而爲十通中央之
數亦合十五乾巽相通卽天門地戶往來之道也乾
山巽水入則闔闢全矣先天之震卽後天之艮也先
天之巽卽後天之坤也坤二而艮八合數爲十通中
央之數亦合十五天河始于艮而終于坤爲天地之
脈絡萬物生息而不窮故用而易發也但雷風相薄
于天地未判之先故先吉艮二陰而一陽坤則六陰
皆全陰小人也君子道消小人道長故不免于後凶

先天之離即後天之震也先天之坎即後天之兌也

震數三兌數七亦合為十得中央之數亦合十五蓋

此卦氣純厚不患消滅每出高世之才超羣之士以

震兌即坎離之方也此後天八卦之用也

註

天元餘義即前五歌大指或前隱而後顯或前略

而後詳其辭愈淺其理愈深不厭反覆推詳益見

元機呈露刻以附後足資考訂

嘉慶七年仲夏蘭林于楷再記

太極篇

為君尋龍說眞義、尺寸元微有神異、若還辨脈不精

微下手之時便心悸堪笑時師術未工兩水便道夾

眞龍縱曉龍為水根蒂不識陰陽亦尚蒙先天位有

十二幅幅有陰陽共四六上貫乎天下貫泉泉當盡

處天心復土實不靈氣不融土空則動氣乃通通行

之水如走馬若不止蓄氣仍空水到窮時太極明太

極起處五行根五行涵育生八卦一卦三山顚倒輪太

立穴先須觀太極在何方位須詳識陰陽細辨莫糊

塗五行方可論生尅若貪堂局不知龍單顧巒頭失

正中合盡諸書多吉利其如凌替日貧窮

此水盡處即太極起處所謂水到窮時

太極明也加以方位當令得運亦即所

謂一六共宗之義也再得能巽水遠照

則離氣益眞又即所謂先天對待之體

四九為友之義也其為大地無疑矣舉

一卦而八卦可類推　蘭林氏

平洋千金訣

堪輿之文繁且多、要訣盡包羅、勸君平洋看水龍灣

曲是眞蹤直來直去氣不收、下了死龍頭、曲處不分

名眞息逆上胎斯結穴後分流氣脈空葬下便遭凶

單龍轉結氣脈和子息自登科、更有羣龍相護應富

貴天然定水龍首尾要知因穴道可相親水龍葬法

分三格時師尚未得蕩龍帶秀亦堪扦叉有落河邊

公行幹水人人見不及私情戀第一看水先看來駁

雜不須裁但見來源從一卦此地眞無價來情得令

福周全非時禍亦專得令失令觀九氣此是先天數、

一卦統三顛倒顛關竅此中傳左右挨加順逆行分、

明辨五星管一帶二人不知禍福不差遲惟有乾坤、

一大關代代作高官交媾陰陽妙更元差遲禍難言、

來龍生氣既乘時作法更精微從來穴有諸般法不、

許差毫髮信手拈來皆妙道處處爲眞造若將吉地、

變爲凶笑殺眼朦朧先天體格後天用本末分輕重、

內氣外氣爲經緯聯絡無相悖上天列宿五行精三、

外論挨星元辰一滴爲眞蒂太極生天地時師不明

生尅理進退無憑據、紫微北極坐中央天星佈八方、

二十四山雙雙起、父母相交際、天然向法認金龍十

字間眞踪金龍來短近安排來長遠處裁不辨天星

犯差錯葬下多蕭索三星五吉神仙法體用多包括

下手當知直達機補究得便宜近應遠應要清純錯

亂禍來頻三元變化可通神死執便非經去水之方

有還氣時師少能會會得水龍來去情分房知廢興

古人叉有脩龍訣與君相會說濬疏得法自天全一

點作根源血脈流通百脈勻化育自陽春平洋與山

法不一、坐後空尤吉左右低平前面高旺氣產英豪、

極低便作水來論乾流亦有神平洋三法須要知持

此與君推山中帶骨眞氣結浮土反成拙葬水還勝

葬山好山龍眞穴少山龍向法有差殊入手可詳推

龍經萬卷話成虛、不及一篇書

黃白二氣說

客問地理家平地立局之旨何居曰昔有至人玄默

忘形升神太虛乍離黃壤未卽高天垂光俯視萬里

如掌諸家莫睹惟見黃白二氣縱橫四馳散布瀰漫

若和風揚砂動而不疾者黃氣也經緯橫施蜿蜒不

斷勢隆隆起綿若匹練聚若縈雪有光耀物外柔中

堅者白氣也黃氣者大塊之土氣白氣者江湖溪澗

之水氣也白氣界于黃氣之中並行而分道黃氣所

至遇白氣輒止白氣爲城垣黃氣爲雲烟白氣爲囊

稟黃氣為餱糧地理家依水立局乘止氣也白氣為

引黃氣為隨衆引所交其隨則聚故水欲其合。白氣

直流黃氣直隨白氣蠕動黃氣濚洄直隨則散濚洄

則聚故水欲其折。白氣一遇黃氣一止白氣再遇黃

氣再止如是三四如是五六以至于無窮少遇則薄

多遇愈厚故水欲其重白氣長梗黃氣雖止无所依

戀無所扳援乃從左右背走止而終散必有枝條槎

枒氣乃得留故水欲其界界而平直止止復行故水

欲其圖我穴其圖左右並歸若水斷際反為水源黃

十九

氣為衆水所拘遇斷得門黃氣從門而出無所得獲

不出則无所不獲故水欲其通小水在南大水在北

我雖依南不崇于南小水在東大水在西我雖依東

不崇于東親疏分情賓主分勢當知親親而等疏主

主而禮賓故大江大湖之旁外氣內氣交橫于此建

都立邑置宅安塋參量均衡有不可廢非獨水也高

山茂林巍居峻郭皆足以回風反氣自高及下迫黃

氣之來歸橋梁街道車馬人跡之所往來亦足以振

動黃氣動則引之使來靜則限之使止斯非至精孰

能與于斯乎

地理合璧　卷五　黃白二氣說

黃白氣章

蠕動　縈動　回

交聚

止

若前去不止竟去
矣其發不久

過去

止

再止

止多則
氣住

又止

止

地理合璧　卷二

止而
分散　此水直長

子

左分　止　右分

楼栙

止　左右分

止　左右分

地理合璧　卷五　黃白二氣說

卯方水小而艮方
水大則兌氣不眞
而坤氣多矣

直界
復行
圖

水未復行

氣復行

水未止

圓水
並歸
圖

氣聚于此

卯

巽揚

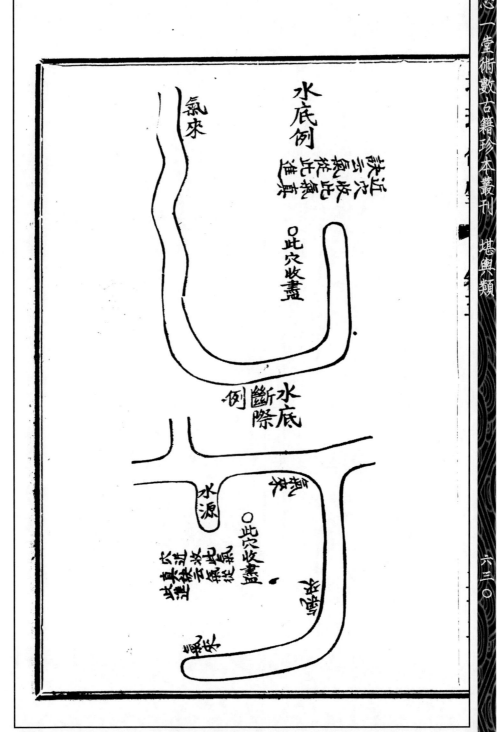

水底例

氣來

O此穴收盡

水底斷例際

水源

O此穴收盡

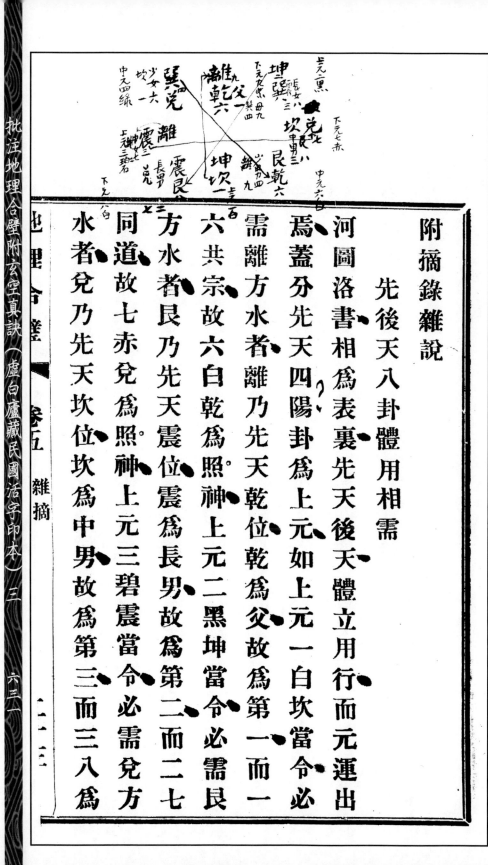

附摘錄雜說

先後天八卦體用相需

河圖洛書相為表裏先天後天體立用行而元運出

焉蓋分先天四陽卦為上元如上元一白坎當令必

需離方水者離乃先天乾位乾為父故為第一而一

六共宗故六白乾為照神上元二黑坤當令必需艮

方水者艮乃先天震位震為長男故為第二而二七

同道故七赤兌為照。上元三碧震當令必需兌方

水者兌乃先天坎位坎為中男故為第三而三八為

地理合璧 卷五 雜摘

二二三

朋故八白艮爲照神中元四綠巽當令必取乾方水
者乾乃先天艮位艮爲少男故爲第四而四九爲友
故九紫離爲照神分先天四陰卦爲下元中元六白
乾當令必取巽方水者巽乃先天離位兌爲少女故爲
爲第六而一六共宗故一白坎爲照神下元七赤兌
當令必取震方水者震乃先天離位離爲中女故爲
第七而二七同道故二黑坤爲照神下元八白艮當
令必取坤方水者坤乃先天巽位巽爲長女故爲第
八而三八爲朋故三碧震爲照神下元九紫離當令

必取坎中水者坎乃先天坤位坤為母故為第九而
四九為友故四綠巽為照神蓋上元陽卦先長而後
少下元陰卦先少而後長當與古鏡歌卦運脩短參
看八卦先天至而後天不到其效非神若後天到而
先天不合其驗莫應如坎一當令收盡離水則先後
天皆合如離水當令而坎方寔地為正神百步內不
為水溝河道界斷是先天至而後天亦來餘可類推

九宮元運

本元本運為生龍催運為旺龍本元未交之運為平

龍、出元當煞之運爲死龍、未交當煞之運爲困龍、如
上元一白當令顛倒輪之離方水爲正吉、而以坎水
爲正煞、以一六共宗、仍將四綠顛倒輪之、而以六白
乾水爲催。吉四綠巽水爲催煞、兌水與艮水爲平龍、
坤水與震水爲困龍、餘可例推、大約上元四吉離艮
兌乾之水四凶、則坎巽坤震之水下元反是、又中元
五黃運二十年、前十年寄四綠地、六白水屬上元、後
十年寄六白地、四綠水屬下元、故此二十年分屬上
下元、名爲三元、實則止上下兩元耳。

地理合璧 卷五 雜摘

遁五黃到方

河圖洛書以五十居中而九宮亦以五黃為極凡立

穴定向必要取五黃所到之方必要收五黃所到之

水以五黃居中為主能領袖八方也如上元一白當

令卽以一白入中調佈五黃在離故要收離水到穴

下元七赤當令卽以七赤入中調佈五黃在震故要

取震水作主五黃得令寄旺於艮坤辰戌丑未而以

五黃入中調佈此八方之水餘可類推

地理合璧卷五終

周同纘　子緒
王銓濟　巨川　校字
沈爾晟　景陽

歸厚錄 蔣大鴻 著

氣化　剛柔　幹支　胎息

辨象　乘龍　坐向　定卦

審運　來情　注受　巨浸

星符　原隰　營兆　還運

袝葬　陽基

地理辨正錄要合璧

續解悲遵原刊 雲湘

己巳春朱壽朋題

地理合璧題詞

聖賢大道此為首端救濟良策修齊偉觀

兩間造化二氣旋盤潛心研究祕法聿完

此道通曉物阜民安邦家之光美哉斯刊

戊辰冬至紫雯撰句　朱壽朋書

歸厚錄于序

歸厚錄十八篇、見於諸刻者、葉氏地理大全、則改竄
誤注、瀋陽范氏、又多棄取、僅刻十二篇、崑山片玉豈
尚容殘缺耶、爰錄其全文、間有用韻失粘處、稍爲移
易正之、小注有空套無關得失者删之、有管見異同
處、作論附後之、辨之其要旨則悉照原文、第傳寫既
久、不免亥豕之誤、其中一二圖注、間有異同、或係後
人妄添、恐蹈前轍、仍照舊錄存、不復改正、有識者自

能辨之嘉慶壬戌夏六月蘭林居士于楷序

歸厚錄凡例　蔣氏原本

理之學始無罣漏向之所習都有遺議

二道宮神照神三龍穴法倂明山龍陽宅眞機地

而山龍陽宅無有知者予得眞傳乃曉水龍息漏

近世有九局三元於水龍止十之一二未有全璧

師精其術劉青田允能合轍數百年來所傳皆誤

搜討具見精微乃楊曾廖賴之正傳近代惟幕講

楊公遍地鈐天玉經水龍經三字青囊諸書一經

是書所探擇者玉鏡經千里眼夜光集郭氏水鈐

地理合璧　卷六

是書三易稿而始成定本、與予所授呂子天元歌、

相表裏傳之後世、不至悞人、然必謹循孝弟忠信

之德者、乃可得聞、非其人慎勿輕泄。

是書正文已包大義、而詳析盡在注及圖例半義

無訛、若非圖注猶在暗室、學者毋妄生分別、

是書圖例不能盡繪舉一二以見千百、觀者以例

推之善通其義可也、勿以迹象拘泥致失作者之

意。

盤法只用正針、二十四道向水皆準此立局、止忌

干支交界之處以防淆擾其餘諸盤層數皆後人

妄添衆說紛紛徒亂人意故悉刪之

蔣平階大鴻述

地理合璧

卷六

歸厚錄目次

地理合璧錄要卷六目次

歸厚錄

地理合璧　卷六

營兆章　　　　　　還運章

祔葬章　　　　　　陽基章

雲間蔣大鴻著

秀水于　　楷端士輯

上海朱之翰紫君校

知何據之翰又考華亭縣志明是蔣大鴻著無疑

歸厚錄又以爲失作者之名疑是秦漢時書明冷啟池
　　觀其凡例自是蔣大鴻所作而瀋陽范寅池
　　注未之翰又考華亭縣志明是蔣大鴻著無疑

氣化章

一元氤氳動靜闔闢天降陽精地載陰魄陽精爲氣

陰魄骨宅兩儀備經五行一脈乃具三才人列地天

升陽還虛留陰返泉是曰歸藏葬禮具焉苟求厚葬

擇地為先地之眞氣與天元符二曜周環五行相摩

得元孕育反精導和久久無傷吸氣彌多子孫形質

祖父育養如彼草木得地豐穰根荄膏澤枝葉秀朗

其本或撥枯落夭枉吾視鹵葬槨棺覆仰螻蟻窟穴

寒泉搖蕩子孫衰弱宗祀絕享世有豎儒高視遠蹈

不相厥宜棄親於道漫云邀福遺譏父老詛意覆宗

翻成潦倒亦有狂且狎天貪眤否德不臧修求地寶

殫資傾謀終無吉造惟彼哲士體道通元地名法象

必曰先天先天已立法象自全心為大地詔我後賢

此章言人身具天地陰陽五行之氣旣沒則魂升
魄降葬得其宜朽骨得氣陰魄常安子孫之精神
卽祖父之精神故死者受氣則生者榮昌此根本
枝葉一氣相通不易之理也古之大儒惟以安親
爲本原非邀福私心特先靈之安與不安無從可
驗故卽子孫之隆替卜祖宗之安危苟不得吉壤
或致翻棺覆槨螻蟻寒泉侵蝕豈非不孝之大者
乎然大德受大地小德受小地不德受凶地天有
一定之理蓋陰陽五行一太極也苟能修德自得

吉壤此又先天本原之學立乎陰陽五行之先者

首章泛言其理未及法制條例不重蘭林

地理合璧　卷六　歸厚錄

剛柔章

稽古鴻濛未分地天水火二氣升降虛玄坎離一交

乃構坤乾陰闔陽闢剛柔相涵或凝為山或流為川

地血為水地骨為石葬山依骨葬地依血山若離骨

水泉砂礫地若離血瀉鹵磽确石多則亂水多則渙

亂石勿葬渙水勿按可葬之亂亂而不攙可按之渙

渙而不散不攙不散大聚之驗骨體堅定水脈流行

堅不可傷流不可凝疏瀹宣導寔比性成言龍言脈

皆是強名至人察之覺照孔明

此章言人知乾坤交而為坎離不知混沌之先未

有天地止水火二氣為眞陰眞陽升降虛無之表

隨元氣而上下道家所謂梵炁也此炁摩盪不已

其輕清者為天重濁者為地所謂坎離一交而成

乾坤也然乾坤之體雖判然二物而乾坤之炁則

交而不離一闔一闢互為剛柔剛者為山柔者為

川石乃地之骨水乃地之血人禀水土之氣以生

故其死也骨肉復還於水土制為葬法葬高山則

石為生氣葬平洋則水為生炁故乘得生氣者吉

失生氣者岎也今人但知葬乘龍脉不知高山石

龍則有脉可循平洋一片有何脉息只以水之流

動處卽是眞龍故曰山羣以山爲龍水羣以水爲

龍人能於水中求龍不以地之實處求過峽脉息

轉關搏換則得平洋之眞訣矣蓋山脉堅剛一定

不移葬法絲毫不可虧損任其自然無容勉強水

則動而不靜流而不息原無定質可變吉爲岆亦

可變岆爲吉大局既定不妨小小改作以就內局

所宜當塡則塡當濬則濬所謂裁成輔相奪神功

地理合璧　卷六　　禰厚錄

改天命之妙用也且水既以動爲用理當導之使
行所以去水之地愈去愈清愈清愈靈庸術不知
以蓄水爲得蔭乃從下流禁遏尾閭不通血脉不
貫便成死龍矣蓋平洋惟以水爲眞氣得此眞氣
與山之眞烝福力無異夫天一生水乃是坎中一
點眞陽化生萬物是故木非水不滋金非水不清
土非水不潤火非水不濟五行以水爲本此卽先
天之妙萬化不窮者也平地舍水而言龍脉拘泥
來崗關峽反失眞元之氣矣自非至人孰能究其

精奧哉

此章亦泛論山平剛柔之性情尚在作用前一層

蘭林

心一堂術數古籍珍本叢刊　堪輿類

幹枝章

水既成龍還分幹枝大江千里起祖之基百里十里

宗派流澌一里半里小枝之餘氣接大幹建國封坼

氣接小幹公卿威儀氣接大枝甲第逢時氣接小枝

富庶可期屈曲生龍鍾靈孕奇勁直死龍去如土灰

潺潺癡龍縱福亦愚條條現龍雷奮雲飛單龍生豽

自交自孿雙龍並駕樂得雄雌十龍眾子並蒂連枝

胞胎之厚元精未虧慎勿貪幹幹老則危幹復生枝

其幹乃滋慎勿棄枝愈細愈宜一枝獨榮眾枝皆輝

地理合璧　卷六

衆枝同榮遠幹悉隨幹之動處始有枝萋枝之合處

幹氣不離來者爲公去者爲私是過客私是主持

衆水雖聚一水發機發機之所與衆不齊名曰化烝

噓吸歸臍微茫渺忽太極所胚此是玄竅妙入希夷

希夷有朕非神莫窺

此承上章言既以水爲龍則水龍便分枝幹而福

力分焉然必屈曲活動而後謂之龍不然雖有水

而盡屬死氣枝幹皆不可扦若半死半生則棄死

就生亦可發達亦有大湖大蕩略有萁收可葬而

内炁未極深秀砂體不甚玲瓏謂之癡龍但發財
丁而少俊傑迢迢之水有首有尾關攔緊密望之
可見名為現龍遇時升騰可以變化單行之水雖
少輔佐止須轉身旋遶或別生枝節便是羽翼其
氣自能交媾雖單不獨雙龍雌雄交配久而不替
更不待言亦有一條單水其間㸃收不一行如瓜
藤停若節苞一地之上或二穴三穴不可限數此
是胎氣深厚故養育衆多只要各自成局主客相
應此既能收彼亦能攔則全扦並發亦無減力之

批注地理合璧附玄空真訣（虛白廬藏民國活字印本）　三

六五九

患今人但知幹龍之貴不知幹老反不生育須幹

上又能生枝然後幹氣始藉枝流融液反能接幹

之氣不使走作如老犬得少女枯木生柔條而後

能懷孕產子生花結菓小枝與幹不同疑其氣薄

力弱不知脫卸深藏愈細愈妙但此三三兩兩六

六五五等質齊量不相統攝又不能成地必有一

水獨結而後衆水皆爲其用若能使衆枝翼衞一

枝必是極大結局併遠來幹水亦皆環遶迎朝全

力凝注在此斯上等之龍矣幹之動處二語足上

文愼勿貪幹四語之意枝之合處足上文愼勿棄
枝六語之意來者指通行之水而言雖大聚亦是
衆人共得之水故曰公公者但可借爲外秀故曰
客去者指浜底流出之水雖一滴亦是本身元神
精華妙液緊貼我身故曰私私則託命於此將此
眞氣以控制八方砂水故曰主持由此言之則衆
水雖有大局非此一水結局全無靈應然則發衆
水之機者此一水也若此水而亦與衆水全其形
勢又安知其孰爲主孰爲客哉必也衆大特小衆

注意
平洋看結脈
之要旨

小特大衆長特短衆短特長衆直特曲特直

衆斜特正衆死特活而後生氣獨聚于此此爲眞

龍而餘者皆其輔佐矣但此水之妙在微茫渺忽

之間卽造化之太極人生之玄竅變變化化皆從

此出故曰化氣世目遇之迷離恍惚無從致辨而

又確乎有可見之形可據之理非幻浪之談學者

神而明之可也

此言有枝水方能接氣能止氣若無枝水不成化

烝縱有大局亦不能收爲平洋看結脈之要旨

林蘭

幹枝章

棄死就生圖例三

生

死

單龍生羽圖二

地理合璧　卷六　歸厚錄

死

生

死

單龍轉身
圖格一

生

後反不結

死

雙龍圖例六

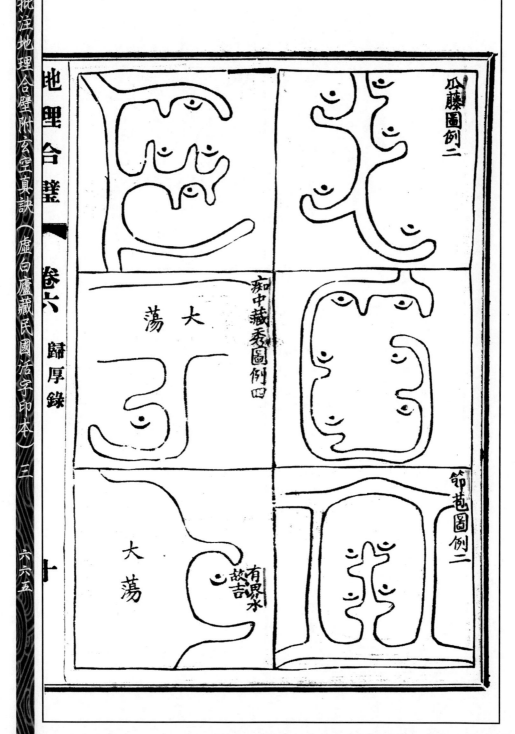

瓜藤圖例二

痴中藏委圖例四

節苞圖例二

大蕩

大蕩

有眾水故吉

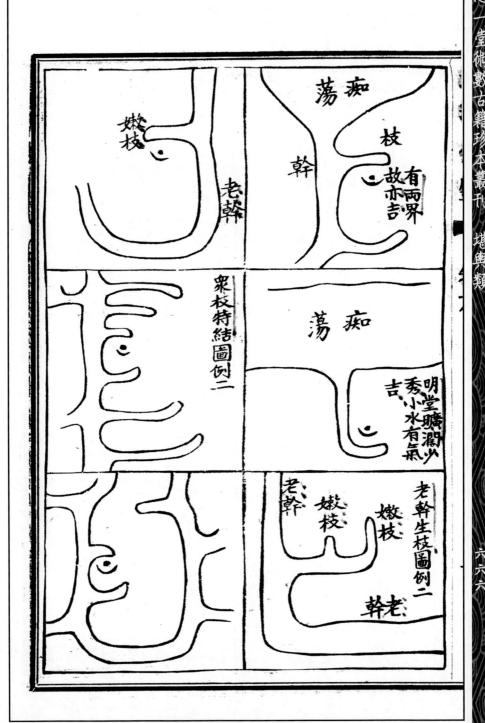

地理合璧 卷六 歸厚錄

公私主客圖例一

來水客

去主

公

出水主客圖例二

公　公

私

來客

去主

如無小水出不可迎來作

生去

漿枝勻氣待圖例一

親疏賓主圖例此係坎離交媾三元兼兩元

賓

外氣南止

內氣北止

水主

大水南來居民北岸自然
是坎氣獨有一家墓宅依
小水反受離氣則離爲主
蓋北來坎氣遇離水返回
向北行我乘其回而受離
氣一也離以離爲主而終
有大局坎氣故下元卽發
而上元亦發又一本云作
離局則兩水大而有用故
上下元俱吉

以上數圖。不過繪其大畧。至於動靜生死來情眞

僞乘氣清濁。則千變萬化。全憑心眼正不容刻舟

求劍也　于蘭林

胎息章

龍以幹行穴以枝結結龍之水更辨胎息幹水有息。

幹氣已鍾枝水無息枝氣終窮何謂息道觀水轉環。

轉處不分元精內涵一轉一息一息成胎息息多胎足。

磅礴雲雷若見分流內環外棹滋液滲泄物華中耗。

雖有轉形止名漏道息道氣聚交雄媾雌漏道氣泄。

鳳瘦鸞飢惑此二道龍穴安知。

上章既分水龍枝幹此章申明枝水幹水各有結。

與不結不得概以枝水卽是結氣也若有胎息雖

在幹水亦爲結氣若無胎息雖屬枝水亦爲不結

息道者水之屈曲轉灣處也然轉處又須毫無分

行滲漏乃爲眞息盖水脈一轉則地氣一蓄若有

轉而轉角之處別有分流如兩路三义則元氣泄

二三四轉其地之眞氣蓄養純全胎元滿足葬下

立發福澤悠久雲雷變化定産賢才矣若水雖曲

矣謂之漏道豈有龍胎乎大都幹水行龍須有息

道而後龍爲眞龍枝水結穴亦須有息道而後穴

爲眞穴小幹有胎息亦可立穴不必皆枝也若無

息有二義

地理合璧　卷六　歸厚錄

胎息并不名龍何況求穴世人但知曲水為秀更

以通流會合之處為龍神蓄聚之鄉終不能知息

漏二義滔滔天下無非盲瞽豈不哀哉

息有二義轉處不分止息也元精內涵生息也若

夫胎則必大地而後形或于結穴處忽現半月忽

特開小洋水必停聚清深土必回凸光潤有此方

成真穴形止氣蓄三元不敗真大地也故胎息二

字為水龍之宗旨後或明逗或暗挈意皆本此林蘭

天有列星地有五行山星易曉。水星難明。尖圓方直。

屈曲變更。或獨或兼變化縱橫各有趨避金土咸亨。

不惟五曜亦有星垣。五曜散陳得一則尊星垣合義。

倚盖拱門三垣帝座二十八藩有類之者秉憲乘軒。

隨星所職以效靈源星垣下降化而為物為龍為麟。

鳥翔獸屈或象制器或象圭笏萬類千章辨之莫誣。

垣主外勢星主內氣垣不得星垣形虛費星不得垣。

星能自緯識星為先莫貪垣貴。

天垂象聖人則之一切朝常典法生民日用皆天
象所具肖翹微動之物亦莫不然惟地承天地之
所有天已懸之山形有天星水形亦有天星但人
知山星不識水星且有專以地形名星所謂眠倒
星辰竪起看者亦全未盡故指水星以覺群迷五
行各有本形穴中惟取金土乃爲正結木須剪裁
變化金土乃可立穴水星須穴外變出爲佳火星
忌用止可外砂而五星亦有兼體隨形變化蓋兩
儀之內惟有五行所以一事一物無不具備其象

人得一星之精華、便可備五行之妙用矣、天象五
行爲緯、二十八宿爲經、而三垣者、又其主宰也、然
垣宿亦不離五行、水龍兼數星之體、即成一垣宿
之局、蓋借外水蓋照拱抱、即是垣局、然垣中列宿
亦不必具其全形、或得其中一星貴秀、已出群表、
其星所應、即以天星所主驗之、既上應星垣、即下
應萬物、或動植飛潛、或器物寶玉、則官之崇卑職
之文武、惟義所應、略備玉髓眞經與山同斷、總之
外有垣局、不可無內星以立穴、既有穴星、即不合

垣局而元氣周固大發何疑故戒學者先須近察

本星不可遠貪垣局亦與前章枝幹之論表裏相

發明耳

中陽子云此篇圖局有水龍集二卷極詳可以發

明學者宜兼玩之

乘龍章

脉就形成穴法當明乘龍之法弘農是程幹龍方行。

轉多氣鍾法葬其腹與枝同踪最忌背脊反畔則凶。

若水太巨雖腹蕩胸復求枝水輔幹奮庸母龍乳子。

釀氣更濃枝龍息處氣盡于首木杪露華花梢出牡。

方葬其耳圓葬其口最忌額角胡頷幷咎枝盡強直。

見首反醜求腹取裁情觀其受幹上小枝掌足之形。

法葬半盡懸珠肘停忌葬其爪太過不寧亦忌葬脛。

不及何靈詳求眞息三格始馨。

龍掌足
龍腹背
龍尾
龍首
龍身
郭景純模　晉引農太守

上章既明胎息真脉復詳星象真形龍穴之道思
過半矣然其間乘龍裁穴必有下手作用晉弘農
太守郭景純先生遺法至今存也其法以水之行
者為龍身以枝水止者為龍首以枝水出口處為
龍尾以枝幹曲轉之處為龍腹背以小枝止處短
淺者為龍掌足皆因象取義不可拘執幹水雖
是行龍若有幾轉則真氣藏蓄胎元已足就腹作
穴與枝龍力量相等即前章所謂幹水有息幹氣
已鍾之說也若灣抱之外反突之處象龍背脊全

無包藏充實之義斷不可穴穴之敗絕然幹水下

穴兩岸相拒止十丈左右乃可就腹取裁若太闊

二三十丈之遠便名江湖止可爲引龍之地不堪

爲結穴之區倘就腹下穴雖極環抱亦不能發所

謂幹龍氣散難求穴也須別尋近幹枝水立穴藏

風而以幹氣爲外抱則子母相從有乳養之義必

生豪傑福力麗厚非小小富貴可比數也枝龍之

所以取盡者以其枝長大到盡轉灣如木杪花梢

得雨露之潤英華發越脉盡氣鍾其形方者兩旁

而論其立穴又不可求太盡以水脈不遠猶氣不

有幹上小枝水道短淺不成龍身止作行龍掌足

腹可受之處立穴又不可拘氣盡於首之句也更

斜飛反擴不成星體者雖爲龍首須退出別求龍

如領下逆鱗豈可攙之亦有枝水盡處其勢醜拙

斷不可穴其圓水環抱之外形象胡領其勢反背

浜底鋒旁兩角是爲龍角其水偏射皆水火之交

定下穴若當浜底鋒頭正中是爲龍額水直氣衝

有耳皆可下穴從長酌取其形圓者圓處有口認

注方葬其耳句

注圓葬其口句

深到盡處反無力也穴下半盡之處是爲中氣脉

就兩平肘上懸珠亦是取象不可以辭害志其太

近處爲爪曲突處爲脛太過不及皆不可穴也葬

法雖有幹龍大枝小枝三格穴法不同然總以息

道爲憑三格皆得其平矣再四叮嚀而要歸眞息

學者不可不察也

此言結穴之遠近偏正必依水法之形勢而定所

謂外氣行形必求內氣之止生也

地理合璧　卷六　歸厚錄

蘭林

坐向章

穴以御龍日維三策據水在後騎龍之格倚水在傍

挾龍於脥親水面前攀龍之脉若逢四隅不離繩尺

依形化裁因勢踏隙上格騎龍氣蔭腦宮中格挾龍

脇受非空攀龍湧泉久久眞通二法雖亞但貴氣融

氣融之穴與上齊功更有後蔭積久無祿我抉其微

妙義深沉氣周八國安取後蔭至道根荄造物所禁

人禀元陽藏神泥丸泥丸九宮天帝宅焉爲乾爲鼎

鍊骨成仙比及物化魂升于天元精未滅天靈復旋

地理合璧　卷六　歸厚錄

十一

三極一元真胎是誕。

上章言龍穴既定而坐向所以統御龍穴隨形立

極亦有三焉坐後據水為騎龍格兩傍倚水為挾

龍格穴前向水為攀龍格若穴落四隅因勢立向

近前者為攀龍近左右者為挾龍近後者為騎龍

若求蔭頂養魄得全骨朽復榮魄散再延子若悟之

神超象先葬邱首邱葬流首流山脈接首與山比遒

水脈接首與水比悠後蔭之法近遠是斷迴紫抱黃

環轉效款息道後抱哉生月滿漏道後抱死魄流散

總不出此三格也惟騎龍穴法後水正蔭腦宮為

最上上格挾龍格水在兩傍氣從左右來正當胸

脇格法次之攀龍格水在穴前氣入湧泉其氣稍

緩格法又次之二格雖不及騎龍只要胎息氣鍾

與騎龍之格原相伯仲若立穴處倚水向水而外

更有後抱卽與騎龍一體不分軒輊發福悠久豈

有窮時夫此穴後抱水一法千古不傳若論乾坤

元氣周流八方葬法隨方可取何必獨取後蔭蓋

因人身一小天地元首象天乃陽神所棲泥丸九

宮諸天帝君所都之境丹家以首爲乾爲鼎九轉

丹成陽神破頂而出卽爲天仙人之死魂升于天

亦從此出身雖已死而元精尙有毫髮未澌滅潛

伏天靈之內一得天一眞陽水氣灌注蔭養天魂

再生死者不死而子孫蒙其福澤矣若悟此道豈

非返神起死功侔造化者乎蓋葬法未有不歸重

於天靈者葬山則頂接山脈而後山氣斯爲吾有

而與山比迺矣葬水則頂接水脈而後水氣斯爲

吾有與水比悠矣未聞葬山者向山而穴則知葬

水而向水者皆謬也傍水穴氣自傍入是從胸脇
透入天靈其情稍親其應稍速向水穴氣自湧泉
入徐徐貫至天靈其情較疏其應較遲矣須有後
抱外水兜收胎息之氣則其眞息之自傍而來自
向而來者一遇後抱捲而逆上還歸胎宮所以與
騎龍格一體而論也夫後蔭非穴後有水卽名後
蔭也須後蔭者是眞息之水乃生魄始能發也
若後抱者是漏道之水雖其形勢似抱空抱而已
應傍死魄腦氣泄盡如何可發耶是故息道在後

漏道在前、名爲坐生朝死富貴之穴若息道在前

漏道在後名爲坐死朝生總有結氣之穴小發而

已不旋踵而衰落驗諸舊墓無不然者同一地也

而坐向一差千里之謬然則向法可不愼哉

愚見坐向雖有三格總憑結穴之形勢而定該騎

龍則騎龍該攀龍則攀龍非有優劣也若不論局顛

面泛就三格而論當以向水爲正格何貶平洋顛

倒顛隨來水之脉以收地氣與葬山之法不同所謂

子字尋出脉然葬山者接山後之來脉以乘氣葬水
子字尋出脉

地理合璧卷一　　　　錄亨緣

者乘當面之水脉以收山其實一理也則向水攀

龍與山比遁矣故曰水來當面是眞踪前面若無

凶交破俱從向上立論也且葬山者何嘗不向水

後接實地之陰脉卽前收低平之陽氣所以明堂

欲其寬展舒平卽葬窩穴亦必三面實一面空未

聞四面逼山者又何疑向水之爲下格乎

蘭林

定卦章

在昔神聖天錫書圖○先天後天表裏默符立體致用○

一元所字本無兩象豈日分途八卦之方九宮之次○

辨色定數分排其地斗杓應之元氣旋位管握四時○

充塞咸備干則有十支盈其二二五居中四維隅置○

二十四道各從其類邇厥原初實惟卦位高山有絡○

絡則分經平地有氣氣則空靈懵懵庸術干支逕庭○

丙丁皆離壬癸坎算四正四維仝歸畔岸正以干輔○

維以支贊陰陽截然不相泮渙何以乘之關峽不設○

地理合璧　卷六　　婦寫錄

地理合璧　卷六

亦無起祖亦無轉結隨地成龍隨地成穴滴水先到

眞氣昭列水脈不離骨親肉綴既知辨局更畏失胎

失胎之處一毫山顚艮與震類兌與乾猜八卦皆溷

言之可哀分星定位一謬百災欲求珠貝乃得塵灰

此詳堂氣挨加當裁羅經一定辨入纖埃亦有兼宮

星符諧好一胎所育兩嬰懷抱此衰彼盛容顏難老

若氣兩來三息四道交媾嘘吸陽施陰造是在格全

傾歆勿保辨清辨雜卦中要寶

此章言河圖洛書雖有先後天體用之分寔則一

源而非二象地之用洛書九宮即先天河圖也八
卦定位而九宮飛行所以象斗杓之旋轉此理充
塞宇宙無物不具於洛書而地者其大象也方隅
雖有二十四道其體不過八卦能統攝之故四正
以干為輔四維以支為輔五帝三王分天下為九
州即是大九宮井田之制即是小九宮先王體國
經野莫不如是後世浸失其法則以山龍混之反
失大地之正蓋山龍有脈絡譬人之筋骨自頂至
足一絲相連亂而有經故可分干支若平地則如

人之血肉觸處流通不可測其從何而來故不尋

干支脈絡而但領八卦之氣陽卦則干支之陰者

皆隨卦而陽陰卦則干支之陽者皆隨卦而陰不

必更立干支名色以平坡之氣浩蕩無垠故也若

其乘之之法又非以窆地連綿處爲烝到關峽起

伏俱不可論只以立穴處一滴相近者爲先到便

是眞氣流露卽便成局雖方圓一坪四圍皆水略

無來龍而可分九氣如近南爲坎局近北爲離局

近西南爲艮局近東北爲坤局之類居中作穴斯

為五黃中宮局若三方水遠近適均亦作五黃論

此定體也今論作者下手只取本元局氣旺者又

觀內氣融結消息參大勢向背何者眞何者偽何

者得全何者得半而後擇一局扦之非謂局局可

下也假如外應堂局元運等類皆利此局而此局

內氣未清不妨少加人力以清之斯為裁成輔相

之妙今之時師亦有能言局者往往錯悞病在下

局不眞所謂失胎也失胎則一毫之差千里之謬

矣蓋辨局要知堂局所謂堂局者非明堂之堂乃

論貼身所近之水不拘前後左右皆爲堂氣如水
逼近申方認爲艮局是矣倘申宮兼庚則艮氣不
清而犯震氣若在下元去盛就衰已不發福更收
震宮衰氣不幾求福而得禍乎八宮皆如此辨不
可不慎亦有兩宮氣到雜而不清猶然獲吉者則
以星應皆兩宮所喜也如震局兼巽兌局兼乾有
喜無忌爲得不吉更有一種奇地兩宮水到或三
宮四宮齊到此爲羣精媾會胎息交通最爲和美
三元不敗但須體格端麗純全有一毫傾側欹斜

或其收氣之水參差零雜卽非眞地反不如單局
之力崇矣

此專以入首注受一節定卦分運也而大局尤重
來情蘭林

申水兼庚則艮氣不淸而犯震氣若在下元卽爲
就衰之水自是正論若照挨星之說則坤申庚三
字皆陽水正是一路再得挨一吉星便爲吉上加
吉又何就衰之有二說顯然矛盾此某于挨星之
說不甚深信俟有識者考之蘭林

地理合璧　卷六

定卦章圖例

四正離局　俱傍北水立穴

四隅離局　俱弔北水立穴

地理合壁　卷六　歸厚錄

四隅坎局 俱弔南角立穴　　　　四正坎局 俱傍南水立穴

四正震局　俱傍西水立穴

四隅震局　俱吊西角立穴

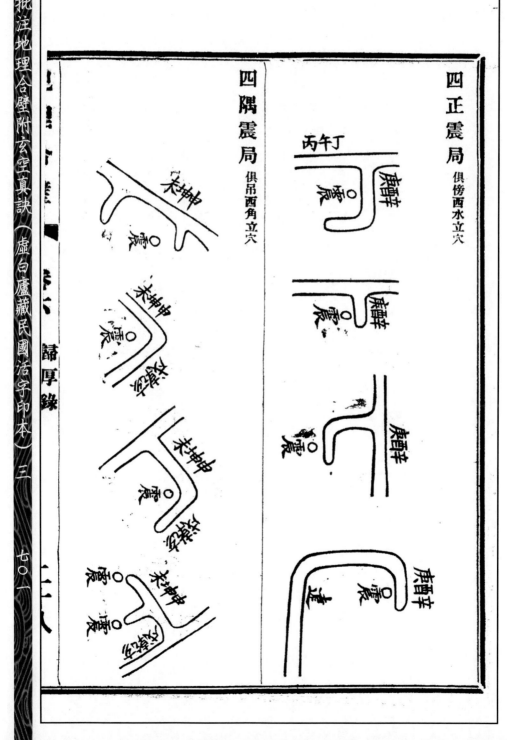

四正兌局　俱傍東水立穴

四隅兌局　俱弔東角立穴

正坤局 弔東北角立穴

變坤局 傍東北水立穴

地理合璧 卷六 歸厚錄

正艮局 吊西南立穴

變艮局 俱傍西南水立穴

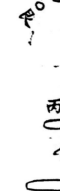

地理合璧　卷六　歸厚錄

正乾局　俱弔東南角立穴

乾局變例　俱旁東南水立穴

正巽局 俱邢酉北角立穴

巽局變例 俱傍酉北水立穴

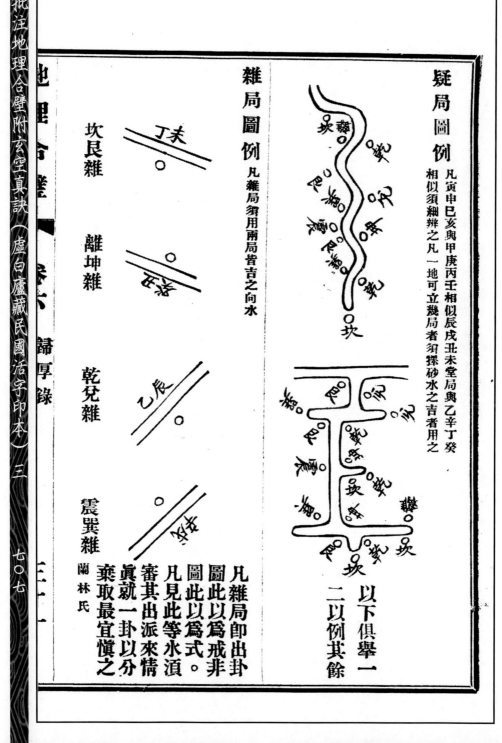

疑局圖例

凡寅申巳亥與甲庚丙壬相似辰戌丑未堂局與乙辛丁癸相似須細辨之凡一地可立幾局者須擇砂水之吉者用之

以下俱舉一二以例其餘

雜局圖例

凡雜局須用兩局省吉之向水

坎艮雜　　丁未

離坤雜

乾兌雜　　乙辰

震巽雜　　　壬亥

凡雜局即出卦圖此以為戒非圖此以為式。凡見此等水濆審其出派來情真就一卦以分真取最宜慎之

蘭林氏

兼局圖例

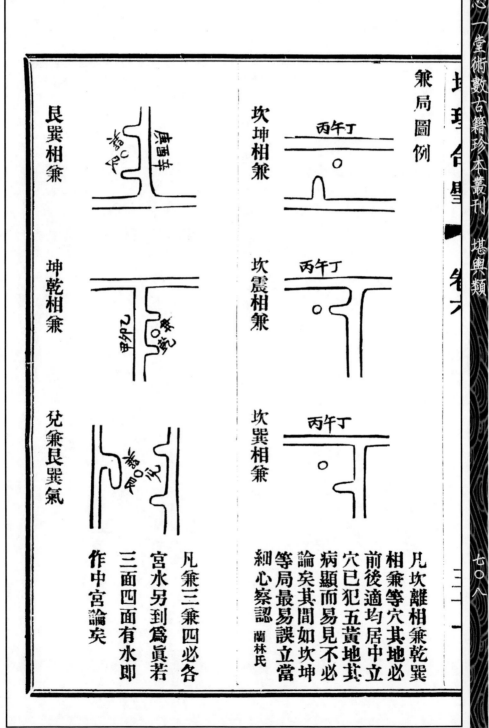

坎坤相兼

坎震相兼

坎巽相兼

艮巽相兼

坤乾相兼

兌兼艮巽氣

凡坎離相兼乾巽
相兼等穴其地必
前後適均居中立
穴已犯五黃地其
病顯而易見不必
論矣其間如坎坤
等局最易誤立當
細心察認　蘭林氏

凡兼三兼四必各
宮水另到爲眞若
三面四面有水即
作中宮論矣

乾坤艮巽兼收局

丙午丁

申巳亥寅

坎離震兌兼局

庚丙壬甲卯乙辛癸丁

地理合璧　卷六　歸厚錄

此亦乾坤艮巽兼局內冲而

外遠較前局爲美

凡地不拘方圓其四面水遠

者可立八穴隨方變局以收

吉方砂水爲主

此亦坎離震兌兼收局但水

氣四冲不吉

以上四圖不過論兼收之形

象非眞五黃立局居中可結

穴也學者當神而明之不可

泥煞爲妙　闡林氏

当時八卦九星挨加之秘得之無極子而以天柱

吳先生為証先生謂近水立局故前圖尚本此法

試之良久有驗有不驗湏當詳細不可以此臨水

定局按圖為據也歸厚一書數經改正外所流傳

不僞而僞者也原註

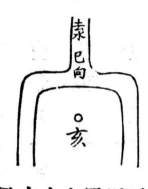

兩水夾趨東南
則亥氣清矣然
屬乾局宜立陽
向今立巳向巳
水直流出煞此
玄曲流盡化貪
狼故貴

亥龍屬乾如無
巳水長流則右
邊掘一小濱轉
乾局爲艮局立
巽向大利

兌局卯向
是矣倘人
元局水口
不得不立
乙向豈人
元局俱損
長房乎
蘭林

兌局宜扦
卯向誤扦
乙向難爲
長房法宜
于乙上掘
一小濱出
煞則破軍
化武曲轉
凶爲吉

小長地原可作乾局卯水通流
可也因丙上有水現自作不得
乾局乃迎卯水作兌局則卯是
武曲丙爲巨門滿局皆吉
平洋卯向貪在乾則巨在兌武
在巽炎惟山法乾貪在巽丙
爲巨但卯上又是鸦星矣若云
化武鸦巨則吾不知　蘭林氏

批注地理合璧附玄空真訣（虛白廬藏民國活字印本）三

七十一

此四圖雖亦隨局立向惟化貪狼變武曲終非探

本之言。恐是後人妄添理宜刪去以歸一律但不

錄此四圖反使從八宮立論者藉口天父地母之

訣以爲不識挨星之祕故仍存四圖明辨其非使

閱是圖者得以考焉　蘭林

挨星之說起自楊公其挨吉挨凶與乘運衰旺五

行分屬不無異同管見以爲不必從方位上立論

仍從斗杓所指衆煞潛藏之說以爲選擇家之要

旨。斯爲正宗其說已詳辨第七卷挨星訣後。

夫八卦九宮既審運以定其局點穴有準矣。而所

乘之脈所收之砂水尙恐陰陽差錯雜而不純則

終未能收山出煞也于是分一卦三山以清其氣

脈。其權全在收山立向左右挨加山龍重山水龍

重向順陰陽之性情得來去之的脈所謂看雌雄

察血脈者在是。所謂關天關地陰陽相見者在是。

一切所謂龍骨眞過峽眞元竅之通者無不在是。

人功之足以奪造化參位育亦在是矣蓋定卦審

運雖在人之審察終屬一定之地局惟左右挨加

全憑人力以參贊之其所以參贊者分三卦以立

向有三卦之向口然後清三卦之砂水雖因三卦

之砂水定向口至何水吉何水凶終因向口定九

星之砂水非其中另有一砂一水另起九星也卽

從九星挨排之說而論所謂貪巨武九星順逆挨

加全憑山向以順逆之挨加之而有定名使得元

之砂水旺中疊旺卽不得元之砂水有吉星以挨

之不至敗絕且一交旺運更爲得力裁成輔相使

四面砂水能吉上加吉亦可先時補救此挨星之

地理合璧　卷六　歸厚錄

旨也若如俗術所謂破軍化武曲又文曲流盡變
貪狼從向上另變乎抑從水上局上另變乎若從
水上局上變化則山向上挨一九星砂水并局上
另挨一九星無怪乎術家一坎一屋有四五個貪
狼也瀋陽范公以定卦章諸圖為失陰陽之正道。
存之害世誠哉是言但前八宮正變數圖臨水定
局亦初學之津梁原未及講挨星之旨因後已向
四圖雜用九星入講恐為後人妄添故抉其源以
辨之庶使閱者不惑於他歧并仍存差誤四圖以

知化貪變武之說之非至挨星之說另附第三卷

挨星訣後　蘭林氏辨

審運章

日有中昃月有虧盈地有衰旺家有變更天道之常

物無遁情朝而鼎食暮而藜羹其運維何九宮之次

上元一統黑碧佐治中元四統五六共事下元七統

八九迭熾元中正運元外蔭庇餘氣既竭王公休實

地力敦龐星曜全強康衢奮步險道可航水力偏薄

氣脉壽張福來不全禍來猖狂一衰一旺休咎相代

兩衰一旺旺不能載兩旺一衰衰亦何礙下土失時

河清難再上土乘時積眚可退移易陰陽更張勿昧

再察星方以防其悖

此章言天道無百全之數、故有陽（一作陰）九百六之災、雖

至美之地不能有旺無衰禍福倚伏有不得而逃

者人但見其止此一坎止此一宅而前後之不相

蒙如此反以地理爲不足信豈知衰旺全係乎三

元之運墓宅不更而廢興頓異惟知者爲能先覺

耳元運者上元甲子以一白坎爲統龍二黑坤三

碧震輔之共主六十年坎先管二十年甲申入坤

甲辰入震各管二十年雖有吉凶先後輕重之不

同而同在一元之中則皆乘旺氣中元甲子四綠

巽爲統龍五黃中宮六白乾輔之下元甲子七赤

兌爲統龍八白艮九紫離輔之其旺治如前歷驗

已往之局則上元三龍在中元未嘗不發蓋中元

固上元餘氣也天啟甲子以前公卿驟發及素封

驟富者皆四五六之地一交下元天啟甲子以後

巽[地]忽然敗絕而兌地皆發甲申乙酉之難凡被

禍者必四五六之地則知下元甲子二十年尚屬

中元餘氣至甲申始剗盡耳今之趨時得志及白

地理合璧　卷六

首保全者必兌艮離也坎至此時兼艮者存兼乾
者亡坤盡亡矣震地陰宅存十之一二陽基則盡
更矣夫同為已退之運其參差不齊者何哉蓋聞
之我師云坎離為天地之中氣中男中女卽先天
之乾坤中藏戊己眞土故三元不敗者多震木以
壯而根深兌金以少而堅剛且日月之門戶春秋
之平候故亞於坎離艮之象為山山不可移其質
堅矣故其久亦比震兌而乾為老亢之金坤為既
產之土五黃廉貞之火依物而炎故皆不久巽為

地理合璧 卷六 歸厚錄

稚木奇花爛熳不耐風雨尤為易衰大約上元之
龍並旺中元中元之龍亦預旺上元下元之龍嘗
有餘力旺于上元此定運也然龍運雖定而尤當
以地力消詳之若水脈深長環抱重疊則為得氣
多雖入敗運止于不發尚可自保若水脈短淺而
環抱少則得氣薄雖入旺運發亦不全況脫運乎
且齊民一坵一宅則無牽制巨室坆宅不一又當
參觀若有兩地一衰一旺兩相抵當則享平福又
當審其力之大小以決勝負一旺不敵兩衰則衰

三十八

能為害一衰不敵二旺則旺能為福嘗見今人處

衰宅而發者必有旺墓亦有葬衰坟而發者必有

旺宅或有遠祖坟正得氣故新坟之禍未彰新扦

美而不發必舊坟之凶煞要之上吉始能雪

小凶而祖禰更切于高曾作者求失元之大地不

如得及時之小地人壽幾何待其去衰入旺身與

家久同斃矣故幕講師嘗教人開塞以就本元之

運眞艮工苦心乎但須斟酌來情方位眞偽而後

從事否則修之無益切勿妄動徒增其禍也

地學作用全憑乘運蓋茫茫大地何處不生草木
何處不有生氣而其中或盛或衰皆陰陽消長循
環之理爲之也故寒來則暑往機無一息之停夏
葛而冬裘用有因時之利雖有短長餘氣之不同
而同歸于得運失運若地學而不宗分卦乘運譬
猶舍舟楫而入江湖其何所操持哉故此章爲地
理中之第一要旨　蘭林

來情篇

卦運眞機問厥來△情、來情支幹以類分形幹水來去

世目易明支水有止來去難名支之入口吐納滋生

執此言來其來始清穴若乘之脈氣斯精若指爲去

倒置非程幹水來離坎龍斯出幹水來震兌脈不失

八卦之門各歸本室支之來位依此爲率曲折得宜

斜直不一度其修短溯其始率一氣兼氣因方定質

分元辨位應驗可述幹水去地亦有還氣還氣注蔭

與來不異支水中停其還旋至候止候還來去審記

入妙通微始全卦義

前二篇言定卦審運地氣衰旺廢興之道幾乎盡
矣不知運之尅應在乎卦眞而卦之眞僞在乎來
情來情者水之來去也水之來去卽地氣之來去
故卦運非此不眞而論氣脉者所首重也立穴所
乘之局氣不敵水路所乘之來氣善于乘氣者知
來去之精微則局氣又不足言矣幹水有幹水之
去來支水有支水之去來幹水之去來易知而支
水之去來難知今人但知水流來之方爲來水流

去之方為去以此概論支幹則謬矣流來為來流
去為去通行幹水則然若夫浜溇停止不通之支
水則反以止處望出口為來出處望止處為去蓋（此句不的）
水之行脈與山無二山以幹之落處為來以支之
盡處為止惟水亦然自江湖溪蕩流入小支則流
入之口為來而水之盡處為止矣故支水葬于盡
處世人以為源頭水尾有出無入有去無來之地
而不知乃有入無出有來無去真氣止息之地所
以發福最易而歷年亦久也凡水路來自坎方即

為離龍水路來自離方即為坎龍八卦皆然又須

循其曲折離上有一曲折即是一節坎龍離上有

二曲折即是二節坎龍也視其斜直者若是離方

來直至坎方止則為眞坎氣若是離方直來又斜

過左邊向艮方止卽為坎龍發足轉艮水坤龍入

首矣斜過右邊向乾方止卽為坎龍發足轉乾水

巽龍入首矣度其脩短者離路水長坤路水短卽

為坎氣長艮氣短矣若離路水短坤路水長又為

坎氣短艮氣長矣溯其始卒者有從坤方入口又

行至巽方一轉而後結穴則爲外艮內乾矣有從
坤方入口行至巽方一轉又行至艮方一轉而後
結穴則爲內坤外乾艮矣如此變局是不一端故
地有一氣者有兼二氣者有兼三四氣者以其水
行方位定龍之質幹以此分上中下三元辨長中
少三位應時取效永無差忒幹水結氣立穴之後
必有去水此去水流處亦有還氣如水從巽方來
又從坤方去向南立穴則爲左乾右艮矣如水從
巽方來又從乾方去向巽立穴則爲前乾後巽矣

水從巽方來又從兌方去向南立穴亦爲左乾右

震矣一元位上去來一元大發兩元位上去來兩

元衰旺分應歷歷不爽枝水如不葬盡處葬于中

間則到底一節亦同去水亦作還氣論如坤水曲

折而來至艮方止而就中停上立穴作爲巽向是

左坤右艮之局矣蓋穴迎來水爲氣之止穴迎去

水爲氣之還審其來卽知氣止審其去卽知氣還

此章論水論止之法必須精詳變化入渺通微而

後八卦之義毫厘辨晰無有不全而三元運氣興

地理合璧　卷六　歸厚錄

衰亦絲髮皆照也

此章言辨脉眞全在水之來去淸則卦氣眞而運
始準但幹水之來去與支水之來去又不同小浜
出口之處爲來于理確當惟以浜底盡處爲去水
則不可夫浜底有何去處。愚見莫若以浜底作水
之止處尤覺妥貼。蘭林

地理合璧 〈卷六 歸厚錄

注受章

乘氣之理實水注受親水於離坎脈斯有親水於兌

震氣入口以及八宮宮宮可剖土雌水雄相爲牝牡

亦有變氣以疎奪親浮光露影地氣轉輪親水在乾

疎水坤循內氣轉巽外氣艮遵八宮化現二搆三鄰

但有水現氣卽交陳兩歧連枝駢拇雙娠若拈一局

失命葬身大小輕重又別主賓親者宮神疎者照神

照神有二目接斯眞滿照潴匯動照通津照本賓位

宮乃主人主勢剛健驕客伏馴賓勢盛大主權不申

四十四

主賓交勁此謝彼新詳觀近遠以時屈伸乘氣之法

此論當珍

夫八宮立局所以乘氣而取氣之法以貼水接脈

水氣注受則雌雄交媾而成穴也貼離水爲坎氣

貼兌水爲震脈八宮以例推之此定局也亦有變

氣爲局者局外時出疎遠之水浮光露影奪其局

中之氣如貼乾水立局本是巽氣而坤宮有水現

則爲內巽外艮凡八宮立一局者有他局水現皆

能奪本宮之氣二水三水無不皆然若止執近穴

一局而論如兌氣而變乾中元必衰巽水而變兌

下元必敗求生得死求盛反衰未有不失身喪命

者今人但知為合元之地豈知有失元之氣以奪

之哉然又當權其大小輕重以斷主賓相勝之數

蓋親水內局是為宮神疏水外局是為照神照神

亦有二等通流曲折者為動照蕩漾積瀦者為滿

照二照力均總以目所覩見者為眞望之不見其

力微矣夫宮神為主照神為賓本是定位然須宮

神水道深闊更是重重息道氣聚之局而後主勢

剛健外來照神之水終是浮氣不能奪主之故當主

局元中不被其害若照神之氣過于宮神宮神氣

又微薄弱主不能制強賓在得元之照神固爲輔

主運若遇失元之照神則降禍更甚于降福矣亦

有宮照二神賓主齊勁則一局萎謝一局更新反

成三元不敗之地但須參其尺度之遠近以決發

福之後先大約地氣之應自近者始宜於本元水

近他元水遠然後葬下自近及遠以漸蔭發斯爲

順理若本元之水遠而他元之水反近則初葬之

時雖有照神控制終嫌本局不得旺氣難求速效

矣囑立局者慎勿汶汶於此致失趨避之巧也

此章言宮照二水相需爲用不易之理假如坎水

宮神則受離氣全憑巽水照神以夾清離氣此所

以一六共宗必須四九爲友後天之用正以重先

天之體也然尤必分別親疎遠近以爲的

蘭林

四十六

地理合璧　卷六

巨浸章

茫洋巨浸四顧清紊雖曰凝龍、

為子覆訕縱不生枝龍神畜隱邐其根苗寔從元運

裁穴之法眞機要知若穴沼池方矩圓規氣乘其橫。

中正等夷。大湖大蕩中氣推移測生測死目巧是期

變化之妙義同幹枝衆水浩浩一隅可吸衆水奔趨、

一隅曲入一吸一入衆氣皆集水聚砂回全湖可挹。

不散不漫眞氣已蟄乘元蔭後釀福飅急此是眞息

與枝相及若無眞息穴坐其圖倚借外勢望之淵淵

形與衆殊彼嬈我妍日與月長福必待年三吳江楚

大澤連綿世家墓宅亦產英賢驪黃之外用綴斯編

水龍之分枝幹固矣亦有湖蕩池沼之穴在枝幹

之外別為一種又不可以息漏二道論胎元亦豈

容專以痴龍目之斷其不秀耶此等之地雖不生

枝亦蓄眞氣只要元運合時亦發科第但立穴之

法自有眞機不得從散漫處隨地下穴耳池沼與

湖蕩又是兩等不同一法池沼顯而易下湖蕩隱

而難扦池沼只要方圓成象平正不欹便可取裁

但宜於橫處受穴不可從直處立局如一方池橫

處看則爲土象直處看則爲木象矣圓池亦須微

微橫闊乃爲金星開口太圓則四周無受穴處反

爲頑金從何處下手凡沼池立穴須在水之中氣

左右相等平正端嚴而後氣脈涵蓄若立局偏斜

或邊輕邊重穴中卽無眞氣不能發矣大湖大蕩

葬法尤宜精密蓋其勢散漫難立正中尤難聚氣

須棄死就生亦從枝幹之理變化而來但與江湖

溪澗之枝幹形象迥別耳假如外蕩闊大而有一

隅內蓄小蕩與嗋水入口相似又如外蕩直奔而

有一隅稍稍曲入其間即有砂角關攔外來眾水

即於此駐足是即大蕩為幹小蕩為枝大蕩為漏

道曲入處為息道是即龍胎即能聚氣若果乘元

運又有後蔭葬下立發豈必以湖蕩為緩局也又

有一種之地既無內蓄小蕩亦無曲水入口而坐

於土圩圓處形如滿月亦是吉象更藉外砂翼衛

望其大蕩之水對穴淵渟雖屬通流而因有外砂

便不見其消散且其立穴之所端嚴秀麗與他處

不同移步換形便分妍醜則衆穴皆賤一穴獨貴

理所必然以其氣脈不聚難以速效須日積月累

穴中久久氣足而後始應三吳江楚此等地局發

者甚多下此等穴須于牝牡驪黃之外另有一種

巧法故特發明此篇使學者深知妙用不概以痴

龍目之耳。

此章言痴龍之地以備一格池沼顯而易見若大

湖大蕩必得內水澄聚或一水曲入再必得乘元

旺令始可其寔十不得一非遇湖蕩盡有地也至

穴坐其圖末一段尤微茫影約備一說可也況此
等地必有內水兜抱若無內水僅坐其圖吾聞其
語矣未見其地也　于蘭林

星符章

先天九氣化爲元皇端拱紫微以執天綱尊星帝座

與七同行化成輔弼隱伏斗罡北極至陰寔禀至陽

坎中一氣先天乾藏主司六合旋轉無疆八卦之母

列宿之王斟酌元氣化育萬方地之噓吸內發黃泉

地之方位上合蒼天虛位辰次水位星躔斗精所化

原委畢宣運此九曜以扶九宮是大五行名曰元空

父母交歡子女繼宗行行相比位位相從顚倒錯亂

不同而同地之九宮卽天九曜紫白分輝餘色映照

二卦迭推潛符默調消納從天厥有父道向息從地

如母之保天道主施地道主受三吉爲純輔弼無咎

但宜于前不宜于後若雜四凶大地亦醜關路欲清

法當詳剖亦有隱曜天外浮空隱之畢寂照之畢收

更有轉曜其變難求宜嗔而喜宜樂而憂向空向寔

內流外流流不必盡其流弗休平洋挨星向水起例

與山不同旋轉利濟惟此五行立命司契諸家妄作

爲階之厲

此章耑言天地氣化二皆九星所主治一曰天皇

大帝卽尊星二曰紫微大帝卽帝星三曰北斗第

一貪狼星四曰北斗第二巨門星五曰北斗第三

祿存星六曰北斗第四文曲星七曰北斗第五廉

貞星八曰北斗第六武曲星九曰北斗第七破軍

星而尊帝二星又化爲輔弼、在破軍之傍隱而不

見皆高居紫微垣內以主宰天地紫微垣者北辰

天樞在天壬癸之方極北至陰而寔一陽所自生

坎中藏乾爻有此一陽而後群陰羣陽無不普徧、

故能維繫天地旋轉造化斗杓所指四時之氣隨

之而轉以此九星之氣下施於地化育萬物人之

生命壽夭窮通莫不係焉地氣雖發黃泉寇與天

之方位合一地之虛位即寥廓無星之處為天之

次舍所謂辰也地之水道自天津析木而來即天

星所躔辰與星皆本于九星所以地之吉凶從九

星而斷然卦止有八而星有九則以地中藏戊己

眞土故楊公以五黃配廉貞輔弼分為二宮以配

八卦隨山隨向旋轉陰陽以收山水配以北斗七星配九

星本屬數目不對彼以天父地母配合者固屬不

經即以廉貞配五黃分輔弼配九宮亦無明証不

五十一

的確、愚以爲北斗至尊、運于中央、則本居中宮、而
以斗杓所指旋轉八方、立說則人人所曉、何等明
亮、不必勉強、可見八卦即九星之象九星即八卦
分屬爲妥、按此下別本尚有在地一白水、在天則爲貪
之精狼木二黑土在天則巨門土等、一段、以其于
五行同宮異屬、不足爲法、故不錄、
而其中金木水火土並無定名
全憑斗中九星旋轉樞機總屬先天之一氣故曰
元空大卦五行至卦以乾坤爲父母而以六卦爲
子二十四路又以八卦爲父母以支干爲子三路
歸於一卦二十四路分爲八卦佈列九宮各宮各
有一曜坐守一宮隨元用事如一白主元以九紫

照之故曰紫白交輝而餘曜宜隱不宜現每一元
中總以一卦為主而以一卦配之與元迭推方合
消納之法消納者以水為主水得天一真陽之氣
與地交媾故有父道地得第二真陰之氣與天交
媾故有母道父施母受惟以能收三吉之水則地
無不吉所謂五吉者兼輔弼而言已詳於寶照第
五章註矣三吉喜在卦前忌在卦後以地宜朝三
吉水也不可雜於四凶者即四卦失元此乃卦中上下
之四凶並非破祿廉文也無不吉不必挨可也可見九星在九宮當令

故凶星一雜凶禍立至然吉路又要極吉若吉凶

並至則吉凶相應駁雜矣影曜者外堂之水遠在

數里之外若不照穴則隱而不見禍福未驗若一

照穴則禍福立應更甚內堂之水蓋水之爲物能

爲禍福者其光氣爲之如三光之照物遠則其光

愈顯所以力愈重也有農夫小舍發福起高樓即

敗者見外凶水也有初葬不發樹木參天而後貴

者見外吉水也轉曜者或內水得元而力薄外水

失元而力厚或內水失元而力厚外水得元而力

照神之說前已註明不必重複又說況又與九星無涉牽挍不上

薄則有時轉移其吉凶矣向中有來水為寔向無

來水為虛矣又一說向中有直去之水為虛向然

去水星卦貼本身出口第一折為準既折之後穴

中復見去水仍作來論流不盡者或出口開洋亦

作來論吉凶亦必顛倒學者慎之說按宦向虛向之若

死板、直冲之水、來亦不宜、若活動曲折之此法用

水、去亦何妨、徒開後人變貪變巨之偽說

九宮將九星自貪狼挨至輔弼陽順陰逆旋轉挨

用卽楊公所著天玉大卦之定例也以此覆驗舊

坟無不靈應古云有人識得挨星訣朝是凡夫暮

是仙自當會意除此大五行外有正五行八卦五

行洪範五行皆非地理消納立向之用不可強入

至雙山三合乃後人偽造更有講九星之法將貪

狼作長生沐浴為巨門分為生旺墓者尤為不通

夫盈天地間惟一氣化生生則無不生死則無不

死豈有限定某方為生某方為死者此後人附會

之說至黃泉八曜乃陽宅架煞之用與陰宅何涉

哉

凡篇中所云去水若海潮之地以落潮為去水蓋

潮來逆上之水不謂之來落水歸元同流尾閭天

地自然之道也原註

中陽子曰九星之說但以四吉四凶斷向水應驗

吉凶微渺之事至于興衰大運實在八卦不關九

星作者須知八卦三元來情之眞偽則九星亦可

略也。原註

夫立一法必有一奧義使人信而有証所謂聖者

作而明者述非淵源之有自卽義理之可憑若挨

星之說以九星配九宮夫北斗七星建時定歲傳

自上古今忽增為九若以紫微垣統論星何止數

百若止增輔弼二星則又隱而不現有何明証故

昭代叢書以為此星歷家好奇之說一可疑也一

白水二黑土乃推明戴九履一之旨今一白水而

又曰貪狼木五黃土而又曰廉貞火同處一宮而

五行變亂二可疑也一卦三山分定八卦統合二

十四山一定不易之理而又曰甲庚丙壬屬陽固

矣而必欲拽入四維犯出卦之病三可疑也翻向

飛臨丙水口不宜丁捉陰陽之脈固矣而又曰山

向是陽星則水之來去要陰星自相矛盾四可疑
也夫北斗至尊居中央而運四方惟就全體而論
故杓之所指全斗之精神寓焉是以能諸煞潛藏
若四方拆散各守一宮失居中臨御之體何以為
帝車幹旋元氣且杓獨自一星其光芒四射不連
魁衡諸星而論何以知其所指耶全非居陰布陽
之義五可疑也其餘種種細核與用卦乘運諸法
異同不一總屬支離牽拽無本之論莫若仍從斗
杓所指諸煞潛藏之說為選擇家之要旨則理真

義切斯為正宗其詳考備載第三卷挨星訣後

蘭林

歸厚錄

水龍之地與山不耦山之生氣鍾於高阜水之生氣

鍾於卑受卑受之氣不離左右卑受之氣不離前後

何謂明堂堂前地高高而益高代產英豪如或傾瀉

貪窮逋逃穴後地低如憑補辰低而漸低葉葉不疲

如或隆起絕世無兒穴左坦然青龍蜿蜒長子尤宗

家餘俸錢穴右土塡白虎直前少男疾貧常遭禍延

卑而太卑當作水目能奪正局相土須覆大江以北

千里平陸土常有餘水常不蓄高厚為岡低平為谷

兼別砂族剖露一端以躲地軸

此章言高山與平洋事事相反山龍以高地爲生

氣水龍以卑下爲生氣凡平洋穴後尤宜低坦一

步低一步子孫悠久蕃庶壽考無涯穴之左右亦

須低坦左低長發右低少發若穴後有高地或兩

重照山葬下損丁子孫稀少漸漸高去後嗣必絕

靑龍高長子貧乏白虎高季子消耗惟明堂之內

則宜漸遠漸高爲逆水歸堂大發財祿傾瀉蕩然

春雨秋霖或斷或復何必江湖而後獲福宜詳尺度

則財散矣然三方低下之處必須四望平夷若有
一處極低便作水論依水定局之氣又為所奪局
氣不眞矣且江南多水之地以江湖溪澗為龍局
江北中原千里平曠只以低地為水高地為山便
乘九局以斷吉凶若雨下時其低處有水脈通流
便成支幹外有數重陰砂護穴卽成大地原為平
原隰為平洋其定局之法已瞭然指掌矣
此辨明四面高低之應作巒頭論不甚重蘭林

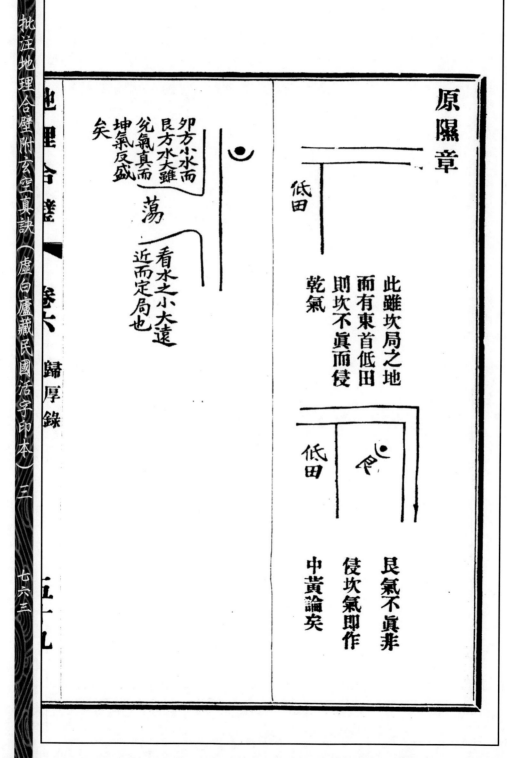

此雖坎局之地
而有東首低田
則坎不眞而侵

乾氣

低田

艮氣不眞非
侵坎氣即作
中黃論矣

低田

卯方小水而
艮方水大雖
兌氣眞而
坤氣反盛
矣

蕩

看水之小大遠
近而定局也

心一堂術數古籍珍本叢刊　堪輿類

地理合璧　卷六　歸厚錄

營兆章

陰陽氣交不間毫毛天降而下地浮而高土膚之上
二氣薰陶噓吸長養如芽雨膏笑彼庸術低掘形單
氣蒸在上枯骸不攢水潦凝積泛濫及棺天光不照
營得幽寒起塚成山山形浩漫勢若孤昂危峰氣散
妄作垣堧砂迷水澳舒則冲和囚則隔斷坟前起屋
壓損明堂陽和晦冥自失晶光居中仲廢居左長荒
若逢右畔季子張皇碑碣門亭朝典建置若據形家
以簡從事玉有微瑕終為大累贅此瑣言庶幾盡義

此章言乾坤之氣一日不交則萬物皆死不成天

地矣天地之妙正在二氣交會之中二氣無處不

交天以至陽之氣下交乎地以至陰之氣上交

乎天一升一降構精之處常在土之皮膚觀乎雨

露降而草木萌芽此其驗矣南方土氣卑薄置壙

平田累土成坎上吸三光之和下引黃泉之氣則

陰陽冲和矣庸術以不入土爲不得氣掘地及泉

使棺槨浸潤骨爲寒凝之氣所閉陽和之氣反透

於上葬者不沾豈能應也殊不知氣化周流六虛

即懸棺空堂而地之吉凶未嘗不應世儘有權厝

而發福者不必深入也古人不封不樹今俗尚坆

壟亦須平坦冲夷乃為合格若築地太高累土聳

拔則孤露危險元氣四散不歸更不可輕築垣墻

以隔斷外來秀氣其垣低平寬大猶得展舒若更

高峻窄小則名為囚而生氣閉塞屋宇碑亭墓門

等事一有侵逼雖屬小失乃有大傷故盡言如此

此言入穴深淺之法及四面墻屋碑亭不宜逼穴

高大亦不甚重　蘭林

還元章

男女媾精交癸抱壬天魂地魄互根日深十月胎全

出腹氣森負陽抱陰法天地心命盡氣終陰漓陽慾

魂越泥丸魄沉湧泉百骸僵朴血枯髓煎亦彌十月

海竭河穿葬埋之法反天入地接續元陽魂旋魄備

若得佳城孕育靈瑞葬乘旬中氣未全淪葬乘十月

骨液未泯地脈灌注枯枝復伸一期三載朽骨日湮

雖有吉壤去舊移新久久蒸噓嚴霜乃春若曾凶葬

體魄成塵非歷年世瑞應曷臻古之葬禮聖賢商定

天子七月士庶踰朔暴棺棄屍天眞腠剝莫嫌渴葬

敢問先覺

此章專言既得吉地貴乘時而葬接續生氣還元

反本之義以人懷胎十月始成故人之死亦十月

髓竭死者元陽已升於天葬得吉地反天氣以入

地中如入爐冶魂魄復聚須及其骨液未絕乃可

與地脈流通如接木者須新剪之枝若經宿氣泄

豈能活耶葬法七日最佳七七猶可斷不可過十

月若更遲之一年三載雖吉壤何從接氣必待葬

下久遠枯者漸滋而後徐徐蔭應耳若瘞于凶地

葬過改遷吉穴前此敗氣冲滿骨間直俟惡氣全

消吉氣乃入庸以歲月計哉今之緩葬亦有數端

其賢者不忍其親難於急葬不肖者又置葬親於

度外或停棺在堂或權厝在地暴露多年直同棄

屍又庸師瞽術拘忌山向一家百口年命衝刑此

吉彼凶終無葬日試觀古禮天子七月而葬諸侯

五月大夫三月土庶踰月豈皆忍其親者亦何嘗

有山向年命之紛紛耶甚矣其愚也亦折衷於古

地理合璧　卷六

此章言宜急葬亦不甚重蘭林

之先覺可也

地理合璧　卷六　歸厚錄

附葬章

葬法分穴如宅分房房分衰旺穴分苦艮亦有佳城

祔葬不昌一穴奪氣本弱枝強保護祖根勿事更張

未觀精微禍機反藏貧賤權宜昭穆有方方位之法

一主分疆九宮三元辨別微芒莫侵煞位自取咎殃

祔中乘氣必有改更咫尺萬里立辨死生局運星符

與正同情法宜詳慎智者莫輕測新測舊主祔參衡

此章言高山眞穴僅可容棺平洋通坦可容合葬

然得穴眞地添葬亦非所宜惟貧家艱於創建乃

有祔葬之說不知穴氣眞僞間不容髮其間大判
吉凶不可不愼有祖葬失穴祔葬得法者亦有祖
穴得氣因祔而傷者則以祖穴好而思祔葬者十
之八九若無眞見則祖宗根本之地斷不宜輕爲
添祔披枝傷根禍豈一人獨受與祔法從主而論
則以主穴爲主分出八方湏從主穴旺方添葬若
侵三元煞氣之位主穴煞動立見凶殃禍及一門
不但祔葬之房而已且物物一太極附穴不可竟
以主穴方位爲憑其穴另有乘氣另有元運另有

星符消納向法事事皆變名雖爲附實與另扦正

穴無異當以正法斷之若正法得宜方位附法又

屬第二義矣假如正穴巽水到堂本乘乾氣昭位

移東巽水變爲離水又乘坎氣元運衰旺迥與主

穴不同矣另是一穴斷法可輕言附乎況竟有半

巽半離之大差乎

附葬當另看水神元運與新扦無異并看與主穴

方位無碍爲正若俗說取祖穴本局加於三震蓋

長子當陽繼離出治取繼體之義加星與原宮相

尅則吉相生則凶比和平平所謂煞方添葬反榮
昌也又有二十四位者以祖穴去水口爲元以對
宮天父輪九星看所附何方得三吉爲吉者此二
說俱非蘭林氏識

祔葬章

主凶附吉圖

主穴乾局照上圖變為
兌離水向皆吉下元與
主穴衰旺不同矣

陶氏曰來
曲去曲來
多丟少故
所附發福

未水　艮水　丙　紫　照　主乾　丑艮

主吉附凶圖

主穴艮局未水午向皆吉
穆穴一附變為震矣更在
下元尤貝衰敗穆穴不吉

未水　午　穆震　主艮

此二圖舊本尚有小註二段艮納丙震納未混雜

天父地母等說乾坤法竅有圖無註盖不以天父

地母卦之說爲是也故刪之蘭林

陽基章

大與之理九野孕靈兆民萃處築室有經惟宅之基

與墓同星墓氣凝結宅氣敷形四倚之地大勢易照

移宮改步隩隅各調爰有五幾寔惟宗要一地二門

三衢四嶠五曰隅空△八風是籲獨遵三元微參九曜

遊年卦例禍福難肯墓氣從地宅氣從門一門易向

災祥異論門通大道氣入內閫前後旁側進氣惟均

直朝橫截路氣是遵與門協吉福祿並陳男女居室

曰惟大倫房闥是主△堂階作賓祠祀之宇神靈所親

建置不失福履以臻置宅廣原氣來統貫比廬則聚

單舍恆渙若在都邑水遠無憚更獲沾濡厥功無算

深山之宅大勢深藏山形凹缺風來聚方依高立局

反氣舒陽是為主治餘理不常墓氣及骨宅氣及身

宅如條茂墓如根伸根榮以歲條茂及辰墓宅並吉

介福千春

此章言輿地之理不惟墳土藏形而已卽大而都

邑郡縣以至村落市鎮莫不有形勢聚會人民萃

處墻屋如鱗各分宅氣焉其九宮立局之法與墓

同符而不無小異蓋墓氣止聚一勺元辰之水而

京都群邑則取大江大河爲局太水在南作坎大

水在北作離大勢衰旺此其樞也至於各家宅氣

又就其所倚小水而分九局且陰地取其結聚陽

基取其敷衍格局有廣狹之異四倚者或前或後

或左或右崇倚一水也倚一水則局眞雖作廣廈

其氣皆不變若隩隅之地掛角立宅止中宮大勢

收氣不雜若前後帶收氣有改變矣如掛角艮宅

西南二方貼水則前帶左廟近南水作坎局後帶

右廂迎西水屬震矣一宅分房便殊衰旺陰宅氣
在地中止穴內一氣陽宅氣在地上不專以地中
之氣為主兼取門氣蓋氣本橫行無途入宅門戶
一啟氣即從門而入其力與地氣相敵地衰門旺
地旺門衰吉凶參半湏門地並旺然後可以召諸
福也門地之外又論道路直朝者作來氣斷如乾
方有路來朝則宅受乾氣也橫截者作止氣斷如
坤方有橫街則宅受艮氣也朝路比來龍而橫路
比界水所謂三衢橋梁同斷嶠者隣居高峻處如

地理合璧 卷六 歸厚錄

艮方有高屋則氣被障斷反從艮方還轉氣來回

向我宅多坤氣也黃白氣說所謂同風反氣自高

及下者也高屋多則氣厚少則氣淺若遠方高屋

迢遞而來漸近漸低歸結到宅則又作來氣論其

氣尤百倍矣隅空者方隅空缺或在宅外或在宅

中能引八風從空而入最關利害此五機者惟以

三元之衰旺爲興廢而立向則仍以地局九星爲

主然亦有不合九星不害其吉者故曰微參言不

甚重也至於遊年卦例止參值年神殺以斷吉凶

側便門或吉或凶分遠近大小動靜冷熱而論則

氣在大道中隨人往來一開門便從門入後門傍

間榮枯頓異不可不慎也門以通大路者為重蓋

便能起衰得元之地行一衰門便至減福尺寸之

改移門則可隨方而改體有失元之地改一旺門

地從門又申言門之尤重蓋地乃一定之物不能

相宅者只將五機按三元以定衰旺義盡此矣從

五鬼何害於吉若宅氣衰雖天醫生氣何救於凶

之應而已其寔禍福不係於此若宅氣旺雖絕命

諸美畢臻矣若轉入衰路凶門不能歸一亦以長
短親疎分別勝負至於宅中內門尤以房門為重
蓋家宅興廢在夫婦配合繼祖承祧皆原於此宅
內重門路步步從旺方引入內室更開吉門迎之
則諸福全收矣若廳堂客座乃賓客酬酢之所不
甚重也古人營宅宗廟為先香火之地須在吉方
人鬼俱寧乃為安宅若在荒村空曠之鄉立宅則
五機之中端以地氣為重與陰宅相似然必比屋
聚廬而後可以會合風氣收攬陽和極小屋必二

進三進始有蓄聚一帶直屋及散布數椽氣皆渙

散地雖吉不驗也若在城市五機並重不耑靠水

爲局雖遠水亦有乘旺發福者若更能沾染近水

生氣更旺衰水貼近其禍亦應深山之宅八方高

蔽水氣輕微但以山形凹缺處爲風門能司禍福

其人跡車馬往來之路卽爲勤氣至於立宅本氣

固以依高立局反氣舒陽爲主其餘轉移不常權

非一定矣末段總言陰陽二宅不可偏廢蓋墓氣

從亡者蔭及生人力深而緩宅氣卽受本身力浮

而速固不得以陽而廢陰又何可重陰而廢陽也

哉

陽宅應速歷驗皆徵蓋陰地容或以餘氣長短尚

有上運未盡初交之運有一二未應者若陽宅則

無論大小戶宅一交當令之運無不立驗則以生

人居處動靜日日在此氣中嘘吸相通更比陰宅

爲切近而又無一息之可避也至若門風路氣牆

空屋缺井灶房廚等更分親疎遠近以無過不及

爲貴其細微曲折更覺繁瑣得能周到尤妙故第

四卷附陽宅得一錄以備參考不厭其重複云

林蘭

動圖

乾街

此以門前橫街立局而以乾上曲路收來氣
中元乾氣旺最發偏下元乾震兩衰替矣

靜
止
氣向死
向死
氣

震宅

靜圖

午

此宅艮方路抱坤
氣眞矣上元大發

歸厚錄據此本是蔣大鴻述冷仙所傳而潤色之

共十八篇乾坤法竅止刻十二篇范氏又以爲失

作者姓名擬爲秦漢時書明冷仙註釋未知何據

然玩其句語頗淺近無古意必非秦漢人作俟再

考蘭林

地理合璧卷六終

周同纘 子緒
王銓濟 巨川 校字
沈爾晟 景陽